KB266516

히든 사이드

히든 사이드

정태성 지음

손해 보지 않고 똑똑하게 살아내는
행동경제학 수업

HIDDEN SIDE

더블북

차례

비이성의 바다를 항해하기 위한
합리성의 나침반

2024년 6월 3일, 동해 영일만 인근에 최대 140억 배럴 규모의 석유·가스가 매장되어 있을 가능성이 높다는 대통령의 한마디에 주식 시장이 요동쳤다. 상승률이 가장 높았던 30개 기업 중 20개가 관련 기업으로 일제히 상한가를 기록했다. 이튿날에도 가스 수송용 강관을 만드는 한 회사는 발표 당일 740원 선이던 주가가 한때 1,678원까지 치솟았고 한국가스공사는 6거래일 동안 48%가량 오르기도 했다.

급등한 종목 중에는 '한국석유'도 있었다. 수많은 투자자들이 동해 가스전과 관련된 회사라는 생각에 주식을 사들였다. 그런데 정작 동해 가스전 프로젝트를 추진하는 '한국석유공사'는 비상장사였다. 사람들이 열광하며 사들인 '한국석유'는 전혀 관계가 없는 별개의 회사였다. 두 회사 사이에 공통점이라고는 이름뿐이었다.

우리의 뇌는 생각보다 훨씬 더 자주 우리를 속인다

우리는 매 순간 무언가를 선택하며 살아간다. 출근길에 어떤 커피를 마실까 하는 사소한 일부터 뉴스에 따라 어떤 주식에 투자해야 하는지에 대한 떨리는 결정, 그리고 우리 사회를 이끌어갈 정치적 리더를 선출하는 투표에 이르기까지 우리의 삶은 선택의 연속이다. 이 과정에서 우리는 스스로가 매우 이성적이고 합리적인 존재인 '호모 이코노미쿠스Homo Economicus'라고 굳게 믿는다. 모든 정보를 수집하고, 무엇이 나에게 가장 이익이 되는지 따져본 후 최선의 결과를 도출해낸다고 자부하는 것이다. 그러나 우리의 뇌는 때때로, 아니 생각보다 훨씬 더 자주 우리를 속인다.

'140억 배럴', '삼성전자 시총의 5배 규모' 등의 거대한 숫자에 매몰되어 '시추 성공 확률 20%' 같은 중요한 내용을 간과했다. 실패할 것이 뻔한 주식 시장의 리딩방에서 '나는 특별하다'라는 통제감 환상에 사로잡혀 일확천금을 꿈꾸는 모습이 그 증거다. 불확실한 현실 앞에서 우리의 뇌는 복잡한 확률 계산을 본능적으로 피하고, 강렬한 인상을 남기는 거대한 숫자나 달콤한 스토리에 이끌리도록 설계되어 있기 때문이다.

그리고 이 패턴은 주식 시장에서만 작동하지 않는다. 투자의 세계에서 개인 투자자들이 실패하는 결정적인 이유는 지능이 부족해서가 아니라 심리적 편향을 통제하지 못하기 때문이다. 내가 산 주식의 가격이 떨어지면 손실을 인정하기 싫어 끝까지 쥐고 있는 반면, 조금이라도 이익이 나면 그것을 잃을까 두려워 서둘러 팔아버린다. 선거철이 되면 후보자의 정책을 꼼꼼히 따진다고 자부하지만, 실제로는 후보자의 외모나 프레임에 이미 마음이 기운 상태에서 공약을 확인하는 경우가 많다. 스마트폰과 SNS의 발달은 나와 비슷한 생각만 메아리치는 반향실 안에 우리를 가두고, 가짜 뉴스가 진실보다 더 빠르고 널리 퍼져나가는 인포데믹의 시대에서 분노와 혐오마저 전염시키며 집단의 극단화로 치닫게 만든다. 남들에게 과시하기 위해 수백만 원짜리 명품을 사기 위해 오픈런을 감수하면서도 그것이 합리적 소비였다고 스스로를 위안한다.

"내가 왜 그 주식을 샀지?", "내가 왜 그 사람의 말을 믿었을까?", "처음 장사를 시작할 때는 이렇게 손님이 없으리라고는 상상도 못 했지." 이런 생각들은 누구나 한 번쯤 해보지 않았을까. 투자도, 정치도, 조직도, 소비도. 장르는 다르지만 메커니즘은 동일하다. 우리의 뇌는 빠르고 효율적이지만, 그래서 특정한 패턴의 오류를 반복적으로 만들어낸다. 이 오류들은 무작위가 아니다. 예측 가능하다.

행동경제학, 현상의 이면을 보는 렌즈

합리성을 추구하는 호모 이코노미쿠스라면 '9,900원'짜리 상품을 보며 1만 원과 다를 바 없다고 생각해야 한다. 하지만 우리의 뇌는 앞자리 숫자가 바뀌는 순간 전혀 다른 감정으로 반응한다. '140억 배럴'과 '성공 확률 20%'를 같은 무게로 처리해야 하지만, 우리의 뇌는 그러지 못한다.

이 책은 바로 그 패턴에 이름을 붙이는 작업이다. 행동경제학은 우리가 왜 서로를 미워하고, 헛소리에 속아 텅 비게 된 지갑을 보며 후회하며, 때로는 바보 같은 결정을 내리는지 그 이면을 파헤치는 학문이다. 인간의 선택과 행동 뒤에 숨겨진 패턴은 행동경제학, 진화심리학, 뇌과학, 인류학, 사회학, 통계학 등 다양한 학문적 렌즈로 들여다볼 때 비로소 본모습을 드러낸다. 그렇기 때문에 이 책에서 행동경제학은 교과서가 아니라 렌즈로 작동한다. 뉴스를 볼 때, 투자를 결정할 때, 누군가의 말을 들을 때, 혹은 내가 왜 이 선택을 했는지 이해하고 싶을 때 꺼내 쓸 수 있는 도구다.

행동경제학이라는 렌즈를 한번 끼고 나면 세상의 '히든 사이드'가 보이기 시작한다. 거대한 숫자 뒤에 숨은 작은 숫자가 보이고, 열광하는 군중 속에서 잠시 멈추어 생각할 수 있게 된다. 상대가 왜 저런 선택을 했는지, 내가 왜 이 결정을 후회하는지, 저 리더가 왜 저런 실수를 반복하는지, 그 이면이 보이기 시작한다. 이름을 알면 보이기 시작하고, 보이면 피할 수 있기 때문이다. 그렇게 된다면 우리가 어떤 상황에서 심리적 편향에 빠지는지, 뇌가 어떻게 우리를 속이는지 그 패턴을 인지하는 순간 우리는 비로소 직관과 감정에 치우친 자동 조종 모드에서 벗어나 심사숙고하고 냉철하게 계산하는 이성의 힘을 발휘할 수 있게 된다.

앞으로 펼쳐질 AI와 알고리즘의 역습, 거대한 기후 위기, 그리고 파편화된 불안한 세상 속에서 우리를 지켜줄 무기는 맹목적인 믿음이나 근거 없는 자신감이 아니다. 내 안의 비이성을 마주할 수 있는 용기와, 현상의 이면을 꿰뚫어 보는 통찰력이다.

자, 이제 당신의 상식과 믿음을 뒤흔들, 우리 마음속 히든 사이드로의 탐험을 시작해보자. 이 여정의 끝에서 당신은 비이성의 거친 바다를 무사히 건널 수 있는 합리성이라는 나침반을 손에 쥐게 될 것이다.

HIDDEN SIDE

제1부

투자의 심리학

: 탐욕과 공포 사이,
내 돈을 지키는 법

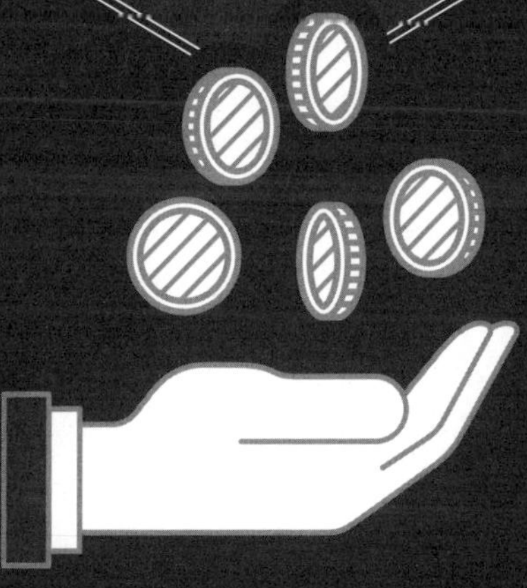

1장

대박의 꿈과
확률의 함정

뇌는 확률을 계산하지 않는다

산유국의 꿈과 통계의 민낯

2024년 6월, 당시 대통령이던 윤석열은 동해 영일만 인근에 140억 배럴 규모의 석유·가스가 매장되어 있을 가능성이 높다고 발표하며 산유국이 될 수 있다는 희망찬 선포를 했다. 복수 언론의 보도에 따르면 이것이 현실이 될 경우 우리나라는 단번에 카타르와 비슷한 세계 15위권 자원 보유국이자 아시아에서는 중국 다음의 산유국으로 올라설 수 있었다.

그러나 화려한 발표와 달리 국민들은 불안한 마음을 지울 수가 없었는데 크게 두 가지 측면에서 합리적 의구심이 들었

　제1부 투자의 심리학: 탐욕과 공포 사이, 내 돈을 지키는 법

기 때문이다.

첫째는 경제성이다. 전문가 의견에 따르면 석유 개발은 물리 탐사 → 탐사 시추 → 상업 개발의 단계로 이뤄지는데 각 단계별로 생산 단가가 천문학적으로 추가될 수 있다. 실제로 석유로 얻는 이득보다 개발 비용이 더 들어 포기하는 경우도 허다하다. 둘째는 투명성이다. 석유공사의 의뢰로 분석을 맡은 액트지오는 사실상 1인 기업이다. 연 매출은 약 3~4000만 원 수준으로 알려졌는데 2023년에 갑자기 약 70억 원의 매출을 기록했다고 한다. 신생 기업이면서 레퍼런스가 명확하지 않은 회사에 국가의 중대사를 맡겼다는 사실은 고개를 갸우뚱하게 만들었다.

흔히 '숫자는 거짓말을 하지 않는다'라고 한다. 숫자가 들어간 정보는 더 신뢰감 있게 느껴지고 진실에 가깝게 보이기 때문이다. 19세기 영국 총리였던 벤저민 디즈레일리Benjamin Disraeli는 이런 말을 했다. "세상에는 세 가지 종류의 거짓말이 있다. 거짓말, 새빨간 거짓말, 그리고 통계." 통계와 숫자는 객관적인 진실을 보여주는 수단이 아닌, 진실을 가리는 속임수나 거짓말에 불과한 것일까? 이 석유·가스 개발 발표에서 정부가 활용한 '확률론적 방법'을 꼼꼼히 보면 숫자가 어떻게 진실을 가리는지, 우리의 뇌가 숫자에 어떻게 속는지 알 수 있다.

언론 보도 내용에 따르면 석유공사가 활용한 방법은 탐사

자원량과 관련한 모든 변수를 계산해 작은 값부터 큰 값까지 나열하게 되는데, 이렇게 나온 값은 확률에 따라 최소(P90), 최적(P50), 최댓(P10)값으로 구별한다. 여기서 최댓값은 10% 확률로, 최소값은 90% 확률로 이보다 많은 자원량을 기대할 수 있다는 뜻이다. 즉, 정부가 발표한 최댓값 '140억 배럴'의 경우 석유·가스가 발견된다는 전제 하에 140억 배럴 규모가 나올 가능성이 10%라는 뜻이다. 이 말인즉슨 석유나 가스를 발견했을 때 가장 적은 확률인 10%로 140억 배럴이 나올 가능성이 있다는 것이다. 이를 마치 140억 배럴이 묻혀 있는 것이 확정적인 것처럼 발표한 것은 통계의 함정을 이용한 전형적인 사례다.

큰 수의 역설과 닻 내림 효과

그렇다면 왜 정부는 '성공 확률 20%'나 '최소 매장량' 같은 보수적 수치 대신 실현 가능성이 희박한 '140억 배럴'이라는 거대한 숫자를 전면에 내세웠을까? 그리고 왜 대중은 그 숫자에 쉽게 현혹되는 것일까? 행동경제학에서는 이를 '큰 수의 역설 large numbers paradox'로 설명한다.

칩 히스Chip Heath의 《넘버스 스틱!》에는 숫자가 커지면 우리는 둔감해진다는 주장이 나온다. 예를 들어 미국인의 인식을 조사해보니 21세기 첫 10년 동안 이라크와 아프가니스

탄 미군 주둔 비용으로 10억 달러가 들었다는 사실을 알면 화를 냈다. 그런데 1조 달러가 넘는다고 했을 때 미국인의 분노는 거의 비슷했다고 한다. 비용이 1000배 더 들었을지라도 분노의 크기는 1000배가 되지 않는다. 이는 '베버-페히너의 법칙Weber-Fechner law'과도 관련이 있다. 인간의 감각은 자극의 강도에 비례하는 것이 아니라 자극의 로그log 값에 비례한다는 것이다. 1억과 2억의 차이는 크게 느껴지지만, 1000억과 2000억은 그만큼 크게 느껴지지 않는다. 너무 큰 숫자는 뇌가 체감할 수 있는 범위를 넘어서기 때문에 둔감해지는 것이다.

정책 입안자나 마케터들은 불확실한 확률보다는 뇌에 강렬한 인상을 남기는 거대한 숫자를 '닻anchor'으로 내리는 전략을 취한다. 일단 140억이라는 숫자가 우리 마음에 닻을 내리면(닻내림 효과anchoring effect), 뒤에 따라오는 희박한 확률이나 검증되지 않은 사실은 거대한 숫자에 가려 보이지 않게 된다.

보고 싶은 것만 보다

리더들은 왜 희박한 확률에 매달리고, 국민들은 그것을 믿고 싶어 할까? 행동경제학에서는 이런 현상을 '낙관 편향optimism bias'과 '통제감 환상illusion of control' 그리고 '동기화된 추론motivated reasoning'으로 설명한다.

낙관 편향은 미래에 대해 근거 없이 낙관적으로 생각하는 경향을 말한다. 연구에 따르면 사람들은 다른 사람에 비해 좋은 경험을 할 가능성은 훨씬 높게, 나쁜 경험을 할 가능성은 훨씬 낮게 판단하는 경향이 있다. 현실을 직시하지 않은 채 비현실적 기대감, 즉 손실 가능성은 배제한 채로 일확천금의 장밋빛 미래에 대한 욕망이 만들어내는 낙관주의 환상에서 비롯된 비합리적 결정은 결과적으로 희망 고문으로 이어질 수 있다.

여기에 더해 통제감 환상은 객관적 근거 없이 자신의 리스크 통제 능력을 과대평가하는 심리를 말한다. 우리는 운, 우연 등 통제할 수 없는 현상을 자신이 통제할 수 있고, 그 결과는 낙관적이라 생각하는 경향이 있다. 그러다 보니 불행한 일의 가능성을 낮게 보고 근거 없이, 계획 없이 행복한 미래를 꿈꾼다. 시추공을 꽂는 행위는 확률 싸움이지만 결정권자는 자신의 결단으로 석유를 찾아낼 수 있다고 믿는 것이다.

이러한 맹목적인 믿음을 더욱 부채질하는 심리 기제가 바로 동기화된 추론이다. 이는 '확증 편향confirmation bias'과 유사하지만 조금 더 확장된 개념으로 자신이 내린 결론이나 바라는 목표에 맞춰 모든 증거를 해석하는 현상을 말한다. 쉽게 말해 '보고 싶은 것만 보고, 믿고 싶은 것만 믿는' 심리다.

우리는 우리가 믿고 싶은 결론을 뒷받침하는 근거에 대해서는 무비판적으로 수용하고, 그 외의 근거는 받아들이려 하지 않거나 흠을 찾아내려 애쓴다. 정부와 일부 지지자들은 '산유국의 꿈'이라는 달콤한 결론을 정해놓고 그에 부합하는 엘프지오사의 주장만을 선택적으로 받아들이며 동기화된 추론을 했는지도 모른다.

엘프 아키텐 사기극이 주는 교훈

이와 유사한 사례로 1차 오일쇼크 이후 1975년에 프랑스에서 벌어진 사기 사건이 있다. 당시 프랑스 국영 정유사인 엘프아키텐을 찾아온 한 발명가는 굴착 없이 석유를 발견할 수 있는 혁신적 방법을 찾았다고 주장했다. 특수 장비를 부착한 비행기가 상공에서 석유 냄새를 탐지한다는, 누가 봐도 허황된 이야기였다. 하지만 당시 오일쇼크로 석유 확보가 절실했던 정유사의 연구개발팀과 경영진, 심지어 대통령까지 이 주장을 덥석 물었다. 이후 4년여 동안 투자된 총 금액은 10억 프랑(현재 가치로 우리 돈 기준 약 1조 4000억 원)에 달했다. 왜 엘리트들이 이런 사기에 속았을까? '석유를 찾고 싶다'는 강력한 소망이 이성적인 판단을 마비시켰고, 사기꾼의 스토리텔링에 닻을 내리게 만들었기 때문이다.

　우리가 통계에 의해 도출된 숫자의 의미를 잘 파악하려면 그 숫자가 도출된 배경을 알아야 한다. 하지만 사람들은 숫자의 이면을 알려고 하지 않는다. 오히려 대부분 특정 용어와 숫자가 주는 인상이나 느낌만으로 대충, 어림짐작으로 판단하고 만다.

동해 석유·가스 개발 발표가 확증 편향, 스토리텔링 그리고 동기화된 추론에 빠진 의사 결정이 아니어야 한다고, 50년 전 프랑스에서 일어났던 일이 대한민국에서 반복되지 않기를 간절히 바랐지만 그 결과는 모두가 알고 있는 바와 같다. 140억 배럴이라는 숫자에 흥분하기 전에 차가운 이성을 가동해 가려진 확률의 의미를 되새겨야 했다. 뇌는 본능적으로 확률 계산을 싫어하고 대박의 꿈을 좇으려 하지만, 지갑과 국고를 지키기 위해서는 냉철하게 계산해야 하기 때문이다.

우리는 왜 로또를 사는가

주사위를 굴리는 마음

혹시 어릴 적 윷놀이를 할 때 윷이나 모를 만들어내기 위해서 윷을 높이 던지거나 한꺼번에 손을 모으고 던지면서 나름대로 이기는 노하우를 가지고 있다고 생각했던 경험이 있는가? 혹은 주사위를 굴릴 때 낮은 숫자를 원할 때는 살살 굴리고, 높은 숫자를 원할 때는 세게 굴려본 적 있는가?

그렇다면 당신은 행동경제학에서 말하는 통제감 환상에 휩싸여 있었던 것이다. 앞서 살펴본 것처럼 통제감 환상은 객관적 근거 없이 자신의 리스크 통제 능력을 과대평가하는 심리를 말한다. 카지노에 가고, 로또를 사는 사람들이 가장 좋은 예이다. 높은 확률로 돈을 잃을 게 뻔한데도 자신은 특별하다는 환상에 휩싸여 아주 작은 확률로 일확천금을 얻을지도 모른다는 생각에 비합리적인 행동을 하는 것이다.

'헤일메리'와 가용성 휴리스틱

확률에 대한 인간의 오해와 막연한 기대는 스포츠에서도 잘 드러난다. 미식축구에는 '헤일메리Hail Mary'라는 용어가 있다. 패색이 짙고 시간이 얼마 안 남았을 때 오직 패스 한 방으로 동점 아니면 역전을 노리는 그 순간 쓰는 전술이다. Hail Mary에서 'Hail'은 인사한다는 뜻이고, 'Mary'는 성모 마리아를 일컫는다. 라틴어로 표현했을 때 우리에게 더욱 친숙한 용어, 바로 '아베 마리아Ave Maria'다. 즉, 헤일메리는 최후의 순간에 가장 가능성이 낮은 유일한 방법, '신께 올리는 기도'라는 뜻이다. 패스를 던져주는 쿼터백 말고 모든 팀원들은 오로지 터치다운 한 방을 노리고 적진으로 돌진하는, 최후의 한 방 말고는 도저히 다른 방법이 없는 그 순간 쓰는 전술이다.

2023년, 중국 항저우에서 열린 제19회 아시안게임 남자 농구 경기를 보고 있었는데 우리 선수들이 시간이 남은 상황에서도 주구장창 헤일메리를 외치는 것 같았다. 남은 시간 죽어라고 뛰면 다시 기회를 노릴 수 있었지만 그리 좋은 기회가

   제1부 투자의 심리학: 탐욕과 공포 사이, 내 돈을 지키는 법

아님에도 불구하고 여지없이 3점 슛을 난사했다. 상대팀에게 통할 수 있는 많은 이성적 대안을 고려하지 않고, 즉 다른 방법이 아직 남아 있는 상태에서 확률 낮은 3점 슛을 던져대는 것은 진심으로 받아들이기 힘들다. 시간이 정해져 있는 스포츠에서 대개 그런 현상이 나타나는데 시간의 압박이 들어오게 되면 그때부터 사람들의 마음은 급해지고 그냥 헤일메리 해버린다. 이는 낮은 확률에 과도하게 의존하는 인간의 비합리성을 보여주는 단적인 예다.

확률을 오판하게 만드는 또 다른 심리적 기제는 '가용성 휴리스틱availability heuristic'이다. 사람들은 어떤 사건의 빈도나 확률을 판단할 때, 내 기억 속에서 쉽게 떠오르는 정보에 의존하는 경향이 있다. 사례를 통해 살펴보자. 세계적인 리서치사 입소스에 따르면 사망 원인 인식에 대한 글로벌 조사 결과 응답자의 약 15%는 사망 원인 1위가 암일 것이라고 답했다. 그다음으로 11%는 심혈관 질환을 꼽았으며, 교통사고가 10%로 3위를 차지했다. 그러나 실제 통계에 따르면 심혈관 질환이 32%, 암이 24%를 차지하며 교통사고는 2%로 9위에 불과하다. 사람들은 폭력(8%), 자살(7%), 테러(5%)에 대해서도 실제보다 굉장히 심각하게 인식하고 있다.

왜 이런 차이가 발생할까? 바로 가용성 휴리스틱 때문이다. 자살, 테러, 폭력, 비행기 사고 등은 뉴스에서 크게 보도되기 때문에 우리 기억에 강렬하게 남는다. 반면 심혈관 질환 같은 만성 질환은 뉴스거리가 되지 않는다. 로또 당첨도 마찬가지다. 로또에 당첨될 확률은 벼락 맞을 확률보다 낮지만, 매주 뉴스에는 로또 1등 당첨자가 나온다. 우리 뇌는 '당첨된 사람'의 이미지를 쉽게 떠올리기 때문에 나에게도 그 행운이 일어날 확률을 실제보다 훨씬 높게 평가하게 되는 것이다.

핫핸드는 없다

이러한 확률의 오류는 도박이나 투자 시장에서 '핫핸드hot hand' 현상으로도 나타난다. 농구 경기에서 어떤 선수가 몇 차례 연속해 슛을 성공시키면 다음 시도에서도 성공 확률이 높을 것이라고 믿는 것을 말한다. 영화 〈빅쇼트〉에서 행동경제학자 리처드 탈러Richard H. Thaler가 카메오로 출연해 설명한 장면을 기억하는가? 그는 카지노 상황을 예로 들며 계속해서 돈을 딴 사람들에게 관심이 집중되고, 그 사람처럼 베팅을 따라 하는 투자자들의 심리와 행동을 핫핸드 현상이라고 설명했다.

그렇다면 핫핸드는 실제로 존재할까? 1985년, 토머스 길로비치Thomas Gilovich와 로버트 발론Robert Vallone, 아모스 트버스키Amos Tversky는 〈농구에서의 핫핸드: 무작위 연속 사건에 대한 오인에 관하여〉라는 논문에서 '핫핸드 현상은 없다'라고 발표했다. 필라델피아 세븐티식서스라는 팀을 대상으로 분석한 결과 대부분의 선수가 직전 성공 횟수가 높아지면 오히려 다음 슛 성공 확률이 낮아졌다고 한다. 혹시나 슛이 연속으로 들어가게 되면 집중 수비가 펼쳐지게 되어서 그러한 결과가 나올 수도 있다는 가정 때문에 2회 연속 자유투를 던지는 상황을 분석했다. 그 결과 자유투를 통해서도 핫핸드를 입증할 수는 없었다. 핫핸드가 우연히 연속해서 일어나는 확률의 현상이라고 하면, 결국 평균으로 회귀할 수 밖에 없는 것이다.

물론 핫핸드에 대한 반론도 있다. 볼링 경기처럼 수비수의 방해가 없는 환경에서 스트라이크를 친 후 다음 차례에서 스트라이크를 칠 가능성을 조사해 봤더니 통계적으로 유의미하게 높다는 연구 결과도 있다. 그러나 주식 시장이나 로또와 같은 확률 게임에서 이전의 성공이 다음의 성공을 보장한다고 믿는 것은 위험한 착각이다.

동전 던지기를 계속한다고 하자. 앞면이 나올 확률과 뒷면이 나올 확률은 반반이다. 지금까지 네 번 던져서 모두 앞면이 나왔다면 다음번에 과연 앞면이 나올까 뒷면이 나올까? 사람들은 대부분 뒷면이라고 확신한다. 이를 '도박사의 오류gambler's fallacy'라고 한다. 앞면이 나올 확률과 뒷면이 나올 확률은 여전히 50%씩 같다. 다섯 번 연속 앞면이 나올 확률은 매우 낮기 때문에 그것을 그대로 적용하기 때문에 그러한 현상이 생긴다. 그러나 다섯 번 연속 앞면의 확률은 최초 주사위를 굴리기 전에 계산되어야 하는 것이다. 즉 앞 사건은 뒤 사건에 전혀 영향을 끼치지 않는다. 이렇게 사전 확률을 간과한 오류 때문에 사람들은 도박을 하다가 '이제까지 잃었으니 이제는 계속 딸 거야'라는 생각으로 도박장을 떠나지 못한 결과, 결국 다 잃고 나서야 도박장을 떠나게 되는 일이 많아지게 된다.

용한 점쟁이와 텍사스 명사수

우리가 확률을 오해하는 또 다른 예로 '용한 점쟁이'를 찾는 심리를 들 수 있다. 점을 보러 가는 사람들은 용하다는 소문을 듣고 찾아가지만, 사실 그 용하다는 것의 실체는 확률의 문제일 수 있다. '진 딕슨 효과Jeane Dixon effect'라는 말이 있다. 닉슨 전 대통령과 레이건 전 대통령 부부가 의존했다는 점성가 진 딕슨의 이름에서 유래했지만, 그 의미는 '최대한 많은 예측을 내놓으면 그중에 몇 개는 맞을 수도 있다'라는 현상을 뜻한다.

어떤 용하다는 사람이 하루에 4명의 손님을 받고, 1년이면 1000명가량 손님을 받는다고 하자. 그 사람이 5%의 확률로 맞춘다고 하면 뭐가 용하냐고 반문할 수도 있지만, 50명의 운세를 기가 막히게 맞췄다고 하면 엄청 용하게 보인다. 그리고 사람들은 맞지 않은 950개의 예언은 잊어버리고 맞춘 50개의 예언만 기억하며 그를 용한 점쟁이로 추앙한다.

이러한 현상은 마치 총을 엉뚱한 곳에다 쏴 놓고는 거기에다가 과녁을 나중에 그려서 백발백중 맞췄다고 주장하는 '텍사스 명사수 오류the Texas sharpshooter fallacy'와도 같다. 사람들은 일이 터진 다음에야 나의 기억을 조금씩 조작해서 "나는 그 일이 일어날 줄 알았어"라고 사후 확신 편향을 보인다. 사전 예측이 불가능한 것은 사람들이 사전에는 과연 어떠한 하나하나의 변수들이 서로 영향을 끼쳐서 매우 큰 사건이 터지리라는 것을 예측할 수 없기 때문이다.

9.11 테러가 일어난 이후 원인이 되는 몇 가지 사전 징후가 있었다고 주장할 수 있다. 하지만 9.11 테러가 일어나기 전에 사전 징후들로부터 9.11테러가 일어날 거라고 주장한 사람은 아무도 없다. 그것은 인간이 모든 정보를 받아들여서 양자컴퓨터처럼 모든 경우의 수를 계산해 어떤 사건이 일어날 확률을 계산할 수 없는 것과 다름없다.

그럼에도 불구하고 우리는 왜 점집을 찾을까? 앞서 살펴본 것처럼 목표하는 바가 있으면 믿고 싶지 않은 근거는 무시하고, 믿고 싶은 근거만 채택해 결론에 유리하게 사용하는 '동기화된 추론' 때문이다.

피터 디토Peter H. Ditto와 데이비드 로페즈David F. Lopez가 1992년에 발표한 연구는 사람들의 이러한 심리를 적나라하게 보여준다. 연구자들은 참가자들을 두 그룹으로 나눈 뒤, 침을 묻히면 췌장암의 원인이 될 수 있는 효소 결핍증을 진단할 수 있는 막대를 나눠주었다. A 그룹에게는 "효소 결핍증이 있으면 녹색으로 변합니다(불행한 결과)"라고 했고, B 그룹에게는 "효소 결핍증이 없으면 녹색으로 변합니다(다행인 결과)"라고 했다. 물론 그 막대는 색이 변할 리 없는 일반 종이였다. 결과는 어땠을까? 건강하지 않을 수 있다는 신호(색이 변함)를 확인해야 했던 A그룹은 막대 색이 변하지 않자 안도하며 검사를 빠르게 마쳤다. 반면, 건강하다는 신호(색이 변함)를 간절히 원했던 B 그룹은 색이 변하지 않자 결과를 받아들이지 못했다. 그들은 "내가 침을 덜 묻혔나?", "스틱에 이상이 있나?" 하며 막대를 문지르고 확인하느라 평균 30초나 더 걸렸다.

점을 보러 가는 사람들도 마찬가지다. 자신이 좋게 받아들일 만한 얘기를 들을 때까지 계속 찾아다닌다. 자식 문제로 속이 타들어가 점집에 가는 사람들이 "걔는 죽을 때까지 그러고 살 팔자야"라는 말을 들었다면, "걔가 지금은 그렇지만 나중에는 크게 돼서 부모한테 제일 효도할 놈이야"라는 얘기를 들을 때까지 계속 다른 점집을 찾아다닌다는 말이다.

확률이 우리 상식을 깨뜨리는 예에 대해서는 몇몇 행동경제학 책에 나오는 재미있는 얘기가 있다. '방 안에 생일이 똑같은 두 사람이 있을 가능성이 없을 가능성보다 높으려면 몇 명이 있어야 하나'라는 문제다. 정답은 23명이다. 방안에 23명만 넘으면 방 안에 생일이 똑같은 사람이 있을 확률이 50%를 넘어간다. 직관적으로는 훨씬 많은 사람이 필요할 것 같지만, 수학적 확률은 우리의 직관과 다르다.

인간은 미래가 불확실할 때 누군가가 명확하게 결론을 내려주기를 바란다. 우리가 미신을 믿고, 로또를 사고, 확률 낮은 대박 사업에 투자하는 이유는 불확실성을 해소하고 싶은 욕구와 통제감 환상, 그리고 가용성 휴리스틱 때문이다. 그러나 합리적인 투자를 위해서는 이러한 본능적인 편향을 경계해야 한다. 우리의 뇌는 본능적으로 확률 계산을 싫어하고 대박의 꿈을 좇으려 하지만, 우리의 지갑을 지키기 위해서는 시스템 2(숙고 시스템)를 가동해 냉철하게 계산해야만 한다.

2장

개미가
주식 시장에서
실패하는 이유

주식 리딩방의 함정

금융 문해력과 후광 효과의 함정

누구나 돈을 벌고 싶어 한다. 일확천금을 꿈꾸지는 않더라도 직장에 다니면서 하는 노력 정도만큼 재테크에 대한 공부를 한다면 개인의 능력으로 월급 정도의 부가적인 돈을 벌 수 있다고 생각하는 사람들이 있다. 어떤 사람은 부동산에 대해 공부를 하고, 또 어떤 사람은 주식에 대해 공부를 하기도 한다. 또 다른 사람들은 주식 외에 채권, 펀드, 선물 등 모든 금융 상품들을 공부하며 포트폴리오를 스스로 구성하여 투자하기도 한다. 아예 전업으로 투자하는 사람이 있는가 하면, 다른 일을 하면서 쉬는 시간과 잠자는 시간을 줄여가며 투자하는 사람도 있다.

대부분 사람들이 그렇듯 이들의 목적은 보다 윤택한 삶, 즉 돈을 더 벌기 위해서이다. 따라서 많은 사람들이 금융에 대해 공부하고 싶어 하기도 하지만, 워낙 기초 지식이 없으면 공부하기 어려운 분야이기 때문에 쉽게 정보를 얻고자 하는 사람들이 부지기수다. 특히 '금융 문해력financial literacy', 즉 금융에 대한 기초 지식이 부족한 사람들은 내가 값을 지불하고서라도 보다 확실한 정보를 빠르고 손쉽게 얻고자 하는 욕구가 매우 크다. 그래서 요새 금융 사기가 가장 많이 일어나는 곳 중 하나가 바로 '리딩방'이다.

리딩방이란 메신저를 통해 주식 투자에 도움을 주는 행위들을 말하는데, 메신저뿐만 아니라 서로 메시지를 주고받을 수 있는 다양한 플랫폼에서 일어나기 때문에 요새는 유튜브나 인스타그램 DM 등도 많이 활용한다. 안타깝게도 리딩방을 운영하는 사람들은 대부분 사기를 친다. 그곳에서 일어나는 사기 혹은 불법 행위는 인간의 심리적 편향을 교묘하게 파고드는데, 행동경제학 관점에서 몇 가지를 짚어보면 우리가 왜 그들에게 속을 수밖에 없는지 명확해진다.

우선 최근 리딩방에서는 유명한 사람들의 이름을 사칭하여 리딩방을 운영하는 사람과 깊은 관계를 가지고 있다고 사기를 치거나, 혹은 유명인과 유사한 방법으로 돈을 벌었다고 주장하기도 한다. 이는 행동경제학에서 말하는 '후광 효과halo effect'를 노린 전형적인 수법이다. 후광 효과는 어떤 사람이나 사물, 사건의 일부분에서 받은 긍정적인 인상으로 인해 그 대상의 다른 부분, 혹은 전체를 긍정적으로 판단하게 되는 부적절한 일반화의 오류를 의미한다.

우선 그러한 유명인들이 일개 리딩방 운영자와 가깝다는 것부터가 말이 안 되지만, 얼마 전 세상을 떠들썩하게 했던 전청조 사례에서 알 수 있듯 사람들은 조금만 생각해도 말이 안 되는 거짓말을 사기꾼이 제시하는 몇 가지 조작된 증거물에 의해 쉽게 믿기도 한다. 이미 사기를 친 사람들의 말과 스토리에 어느 정도 현혹이 되어 있는 상태에서 주어지는 증거들까지 겹쳐지면 일종의 내러티브가 형성되어 허술한 증거물들이 마치 그 주장에 대한 진짜 증거인 양 받아들여지기 때문이다. 이때 작동하는 기제가 바로 '확증 편향'이다. 내가 이 리딩방을 통해 돈을 벌 수 있을 것이라고 믿고 싶은 마음이 생기면 그 믿음을 뒷받침하는 정보는 적극적으로 수용하고 의심스러운 정황은 무시하게 된다.

여기까지도 경계해야 할 일인데 유명인이 가지고 있는 유명세와 주식을 해서 돈을 벌었다는 것과는 아무 상관이 없음에도 불구하고, 당연히 그러한 사람들은 주식 시장에서 돈을 벌 것이라고 생각하는 후광 효과에 빠지는 것도 우리는 경계해야 한다. 유명한 연예인, 전직 대통령, 재벌 2세가 남보다 주식을 잘해서 돈을 더 잘 벌 수 있을까? 그 사람들이 쌓아 올린 대중적인 인지도, 정치가로서의 삶, 기업 경영 능력은 주식을 잘하는 것과 아무 상관이 없기 때문에 오히려 그렇지 않은 경우가 더 많다. 하다못해 유명한 경제학자 중 주식을 통해 돈을 번 사람은 존 메이너드 케인즈John Maynard Keynes 정도가 유명하지, 돈을 날린 경제학자가 더 많다. 주식 투자는 기업 분석과 시장의 흐름을 읽는 전문적인 영역임에도, 우리는 유명세라는 후광에 눈이 멀어 그들이 주식도 잘할 것이라는 막연한 착각에 빠지게 된다.

살아 돌아온 전투기만 보지 마라

두 번째로 주목해야 할 것은 '생존자 편향survivorship bias'이다. 실제로 리딩방에서는 자신들의 수익이 수십 퍼센트에서 수백 퍼센트에 달했다고 자랑한다. 물론 대부분 그러한 증거들은 조악하게 조작되었으므로 믿을 게 못 된다. 그런데 리딩방 운영하는 사람이 개중에 그나마 양심이 있어서 주식 투자에 성공한 경험이 있다손 치더라도 그들은 실패한 사례들을 보여주지는 않는다. 오직 성공한 종목, 수익이 난 계좌만을 보여준다. 여기서 생존자 편향이 나온다.

생존자 편향을 이해하기 위해 2차 세계대전 당시의 유명한 일화를 살펴보자. 1944년, 미 해군은 일본과의 전투에서 미군 전투기가 적군의 공격에 격추당하는 일을 반복해서 겪자 철갑으로 폭격기를 강화하고자 하였다. 그러나 철갑을 비행기 모든 부분에 덧대려 하니 비행기의 무게가 증가해 기동력이 떨어지고 활동 범위와 적재량도 감소할 것이 불 보듯 뻔했다. 그렇다 보니 일부분에만 철갑을 씌우기로 결정했다. 어느 부분에 철갑을 씌울까를 고민하다가 폭격을 받고도 기지로 귀환한 전투기를 전수 조사해보니 공격받은 부위가 엔진보다는 주로 날개와 동체에 집중되어 있음을 발견했다. 이에 미군 수뇌부는 총알구멍이 많이 난 그 부분들(날개와 동체)에 철갑을 씌우기로 결정한다.

이러한 결정에 통계학자 아브라함 왈드Abraham Wald가 반기를 들고 나선다. 그는 포격을 받고 돌아온 비행기는 오히려 그 부분에 공격을 당해도 충분히 생존할 확률이 높다는 것을 의미하기 때문에 가장 공격 흔적이 덜 남아 있는 엔진 쪽을 두텁게 강화해야 한다고 주장했다. 엔진 쪽에 공격받은 비행기는 아예 돌아오지 못했기 때문에 표본에 들어가지 못한 것이다. 즉, 미군 수뇌부는 '생존한 전투기'만을 대상으로 조사해 결론을 내리는 오류를 범했다. 이것이 바로 생존자 편향이다. 해결해야 할 문제가 무엇인지, 문제 해결을 위해 조사해야 할 집단은 어떤 특성을 가진 집단이어야 하는지 등은 고려하지 않은 채 손쉽게 파악할 수 있는 집단(생존자)만을 대상으로 편향된 결론을 내리게 되는 오류를 의미한다.

　이 이론을 주식 리딩방에 대입해보면 상황은 더욱 명확해진다. 리딩방 운영자들은 자신들이 추천해서 오른 종목(생존한 전투기)만을 홍보한다. 추천했다가 폭락하여 상장폐지가 되거나 반토막이 난 종목(격추된 전투기)에 대해서는 절대 언급하지 않는다. 투자자들은 눈앞에 보이는 화려한 수익률 인증샷(날개에 난 총알 자국)만 보고 '이 사람은 진짜 실력이 있구나'라고 판단하지만, 보이지 않는 곳에는 수많은 실패한 종목들의 무덤이 존재한다. 리딩방에서는 의도적으로 그런 일이 일어날 수밖에 없다. 그 점에 대해서도 반드시 염두에 두어야 한다.

소급 편향과 설거지

한편으로는 특정 종목이 아닌 자신들의 현재까지 전체 수익률을 과다하게 포장해서 얘기하기도 한다. 물론 이것도 대부분 사기를 치기 때문에 아주 일부인 정직한 리딩방 운영진들이 있다는 가정하에 하는 말이다. 자신들의 수익률에 대해서 이전에는 수익률이 꽤 높았는데 최근 몇 년 동안 수익률이 안 좋을 경우 이를 교묘하게 합치게 되면 '소급 편향backfill bias'이 적용되어 꽤 괜찮은 수익률이 난 것처럼 표현할 수 있다.

소급 편향이란 과거의 데이터를 선택적으로 사용하여 성과를 부풀리는 현상을 말한다. 어떤 사람이 2000년대 초반에 잠깐 주식을 해서 꽤 괜찮은 수익률을 냈다가 20년 만에 주식을 해서 최근 쫄딱 망했다고 하더라도 과거의 성공했던 기간의 데이터와 현재를 합쳐서 평균 수익률을 계산하면 전체적으로는 좋은 성과를 낸 것처럼 보일 수 있다. 펀드 매니저나 투자 자문사들이 자신들의 펀드 수익률을 홍보할 때, 성과가 좋았던 특정 기간만을 소급해서 포함시키고 성과가 나빴던 기간은 제외하거나 희석시키는 방식이 바로 이 소급 편향을 이용한 것이다. 리딩방 역시 마찬가지다. "지난 10년 누적 수익률 1000%"라고 광고하지만, 그 안에는 이미 망해서 없어진 기간이나 종목은 빠져 있고, 운 좋게 수익이 났던 과거의 영광만이 포함되어 있을 가능성이 크다.

또 하나 간과해서는 안 될 위험은 시장 조작 가능성이다. 주식 투자는 주식을 사고자 하는 수요와 주식을 팔고자 하는 공급에서 주가가 결정되고 거래가 일어난다. 리딩방의 운영진이 자신이 가지고 있는 주식의 주가를 올려서 대량으로 팔게 되면 많은 수익을 낼 수 있는데, 여간해서는 주가를 올리기 쉽지 않다. 이때 그들은 허위 정보를 퍼뜨리거나 혹은 그 주식에 대한 말도 안 되는 장밋빛 미래로 현혹시켜 우매한 주식 투자자들을 속여서 그 회사 주식을 사게끔 만들기도 한다.

이른바 '설거지'라고 불리는 행위다. 리딩방 회원들이 "지금이 매수 타이밍입니다!"라는 운영자의 말을 믿고 일제히 매수 버튼을 누를 때 주가는 일시적으로 급등한다. 그리고 바로 그 순간, 운영자와 그 일당들은 자신들이 미리 사두었던 주식을 매도하여 차익을 실현하고 빠져나간다. 뒤늦게 들어온 개미 투자자들은 고점에 물려 손실을 떠안게 된다. 그럴 경우 자신들은 그 주식을 매도해 엄청난 수익을 낼 수 있으니 말이다. 이는 명백한 불법 행위이자 사기이지만, 탐욕에 눈이 먼 투자자들은 자신이 작전의 희생양이 되고 있다는 사실조차 인지하지 못한다.

공짜 점심은 없다

사실 앞서 얘기한 후광 효과, 생존자 편향, 소급 편향 등은 꼭 리딩방이 아니어도 일반적으로 증권사에서 자신들의 성과를 발표할 때 발견할 수 있는 현상에 가깝다. 왜냐하면 증권사는 금융감독원의 감독을 받기 때문에 숫자를 가지고 적절하게 이용할 뿐이지 대놓고 사기를 치면 안 되기 때문이다. 그러나 리딩방은 다르다. 리딩방은 대부분 사기 집단인 경우가 많으므로 우선 일차적으로 사기에 당하지 말자는 마음가짐부터 가져야 한다.

그래도 그나마 양심적으로 행동하는 리딩방인 것 같다는 생각이 들더라도 그들이 제시하는 수익률 뒤에는 여러 가지 측면에서 사실을 호도할 수 있는 편향들이 숨어 있다는 점을 명심 또 명심해야 한다. 투자의 세계에서 '무조건'이나 '보장'이라는 단어는 존재하지 않는다. 누군가 당신에게 "확실한 정보가 있습니다"라며 접근한다면 그것은 당신을 낚기 위한 미끼일 가능성이 99.9%다.

행동경제학은 우리에게 끊임없이 경고한다. 우리는 합리적인 척하지만, 실은 권위에 약하고(후광 효과), 보고 싶은 것만 보며(확증 편향, 생존자 편향), 과거를 미화하는(소급 편향) 존재라고 말이다. 리딩방의 함정에 빠지지 않는 유일한 길은, 자신의 욕망을 직시하고 숙고 시스템를 켜서 의심하고 검증하는 것뿐이다. 세상에 공짜 점심은 없다.

팔면 오르고 사면 떨어지는 진짜 이유

내 주식은 왜 팔면 오르고 사면 떨어질까?

단기간 주가 변화가 심한 주식 시장에서는 많은 투자자가 자신의 주식을 어떻게 할지에 대해 그 어느 때보다 깊은 고민에 빠지기 마련이다. 그런데 투자자라면 누구나 한 번쯤 이런 경험을 해보았을 것이다. 내가 팔자마자 그 주식은 보란 듯이 급등하고, 반대로 내가 사자마자 그 주식은 떨어지는 머피의 법칙 같은 상황 말이다. 우리는 흔히 이런 상황을 운이 없다고 치부하거나 세력의 장난이라고 의심하곤 한다. 하지만 행동경제학은 이러한 현상이 단순한 운의 문제가 아니라 우리의 심리적 편향이 만들어낸 필연적 결과일 수 있다고 말한다.

우리가 어떤 두 기업에 투자를 했는데 한 종목은 손실을 보고, 다른 종목은 이익이 난 상황을 가정해보자. S전자 주식을 주당 1만 원에 100주를 매수했는데 주당 가격이 8000원으로 떨어졌다. 그리고 같은 시기에 K은행의 주식은 주당 5000원에 100주를 매수했는데 7000원으로 올랐다. 잘 생각해보면 S전자 주식으로 인한 손해도 20만 원이고, K은행 주식으로 인한 이익도 20만 원이므로 손해를 보지 않았다고 할 수 있다. 경제적으로는 투자 전과 후가 똑같은 상황이다.

이 상황에서 우리가 할 수 있는 생각의 흐름을 살펴보자. 우리는 S전자 주가가 떨어진 이유는 가끔씩 생기는 실수이거나, 상황이 급격하게 안 좋아서 내가 통제할 수 없는 일이 벌어졌기 때문이라고 생각한다. 반면 K은행 주가가 오른 이유는 자신의 천재적인 직감이나 재능, 혹은 주식 분석 능력이라고 생각하기 쉽다. 이를 보통 '자기 귀인 효과self attribution effect'라고 부른다. 모든 잘된 일은 나로부터 비롯되었다는, 요새 말로 하면 '근자감(근거 없는 자신감)'이다. 좋은 일은 자신의 높은 능력에, 나쁜 일은 외부 환경에 그 원인을 돌리는 것이다.

홈 트레이딩 시스템에 나타나는 평가 손익을 보면 아예 투자를 하지 않았을 때와 차이가 없음에도 불구하고, 20만 원 이익보다 동일한 금액인 20만 원 손실에 대해 더 아깝다는 생각, 뭔가 손해 본 것 같은 기분이 들 수 있다. 즉 '손실 회피loss aversion' 심리가 발동한다. 마지막으로, 손해 본 것 같은 느낌을 지우고자 S전자 주식은 그대로 둔 채 K은행 주식을 팔아 이익을 실현시키고 싶은 욕망을 강하게 느끼게 된다. 이처럼 이득을 발생시킨 주식은 팔고, 손실을 발생시킨 주식은 보유하려는 현상을 '처분 효과disposition effect'라고 한다. 주가 변동성이 심할 때는 처분 효과가 더욱 빈번하게 나타날 수 있다.

이익은 짧게, 손실은 길게

그렇다면 수익이 발생한 주식을 팔고 손실을 발생시킨 주식은 보유하는 비합리적인 처분 효과는 왜 일어날까? 처분 효과는 기본적으로 손실 회피 성향과 밀접한 관련이 있다. 우리들은 대체로 내가 매입한 주식이 폭락해 크게 손해가 났다 하더라도 실제로 팔지 않았을 때는 꽤나 아무렇지 않게 행동할 수 있다. "아, 나 이번에 주식 폭락했어. 손실이 30% 났단 말이야"라고 친구들에게 무용담 늘어놓듯 말할 수도 있다. 아직 손실이 확정되지 않은 '평가 손실' 상태이기 때문이다.

　그런데 실제로 30% 손실이 난 시점에서 팔았을 경우를 생각해보자. 그럴 때는 오히려 누군가에게 말하기보다 혼자 땅을 치면서 어딘가에 가서 혼술을 하는 모습을 상상하기란 어렵지 않다. 이렇게 실제로 손실이 실현되기 전과 손실이 실현된 후에 전혀 다른 모습을 보일 수 있다. 손실이 실현되었을 때 느끼는 고통의 크기는 비슷한 수익을 거뒀을 때 느끼는 기쁨보다 훨씬 크다. 따라서 사람들은 손실과 그 손실로 인해 느끼는 좌절감을 회피하려는 경향을 보이며 손실을 실현시키기를 거부하는 것이다.

이것이 바로 개인 투자자들이 주식 시장에서 실패하는 주된 이유 중 하나다. 주가가 오르는 주식(승자 주식)은 "이익을 확정 짓고 싶다"는 조급함에 너무 빨리 팔아버려 추가 상승의 기회를 놓친다. 반면, 주가가 내리는 주식(패자 주식)은 "언젠가는 오르겠지"라는 막연한 기대와 손실을 확정 짓기 싫은 마음 때문에 끝까지 들고 가다가 결국 더 큰 손실을 보게 된다. 만약 우리들이 정말로 냉정하면서도 이성적인 투자자라면 지금 이 시점에서 더 떨어질 수도 있는 가치를 지닌 주식은 과감하게 매도하고, 아직 상승 여력이 충분한 가치를 지닌 주식은 그대로 들고 가야 한다. 하지만 실제로는 처분 효과 때문에 정반대로 행동할 가능성이 높다.

잃는 것은 죽기보다 싫다

이러한 처분 효과와 손실 회피 성향을 이론적으로 뒷받침하는 것이 행동경제학의 근간이 되는 '전망 이론prospect theory'이다. 2002년 노벨경제학상을 받은 대니얼 카너먼Daniel Kahneman과 아모스 트버스키Amos Tversky가 주장한 이 이론은 개인이 무언가를 선택하는 상황에서 일어나는 심리적 과정을 밝힌 이론으로, 개인이 얻는 심리적 만족도인 '가치'에 중점을 둔다.

전망 이론에 따르면 인지와 관련한 세 가지 중요한 특성이 있다. 첫째, 기준점이다. 인간은 가치에 대한 평가를 절대적 수치가 아닌 기준점을 바탕으로 해 상대적으로 한다. 기준점보다 나으면 이득, 기준점보다 못하면 손해라고 간주한다. 주식 투자에서 기준점은 보통 매수 가격이 된다.

둘째, 민감도 체감성이다. 각자의 다른 기준점에 근거해 같은 양의 증가, 감소를 상대적으로 인식하면 다른 민감도가 표출된다. 예를 들어 900달러와 1000달러의 차이는 100달러와 200달러의 차이보다 훨씬 적게 느껴질 수 있다.

셋째, 손실 회피다. 전망 이론의 핵심 중 하나로 같은 양의 손해를 이득보다 훨씬 더 크게 느껴 손실을 회피하고자 하는 특성이다. 무언가를 잃었을 때 느끼는 가치의 상실감은 얻었을 때 느끼는 가치의 쾌감보다 훨씬 크다. 행동경제학자들은 이 차이가 약 두 배나 된다고 한다. 1000원을 잃었을 때의 슬픔은 1000원이 생겼을 때의 기쁨과 같은 수준이 아니라 2000원이 생겼을 때 느끼는 기쁨과 같은 수준인 셈이다.

이러한 전망 이론의 그래프를 보면 이익 구간에서는 그래프가 완만하게 증가하지만, 손실 구간에서는 그래프가 가파르게 떨어진다. 이는 우리가 손실에 얼마나 민감하게 반응하는지를 시각적으로 보여준다. 처분 효과는 바로 이 손실 회피 본능이 투자 행위에 반영된 결과물이다.

금융 문해력을 높여라

그렇다면 모든 투자자들이 이러한 비합리적인 행동을 할까? 결단코 아니다. 행동경제학이 모든 사람들은 비합리적이라고 주장하는 것이 아니라, 인간은 '제한된 합리성'을 가지고 있어 때로는 비합리적일 수 있다는 것을 주장하는 것과 마찬가지다. 투자자들은 합리적 행동과 비합리적 행동을 모두 나타낸다. 처분 효과로 인해 바로바로 차익 실현을 하는 투자자가 있는가 하면, 모멘텀 투자자처럼 가치를 정확히 계산해 기다렸다가 훨씬 더 오른 상태에서 수익을 실현하는 투자자도 분명히 존재한다.

그러면 이러한 처분 효과에 빠지지 않고 합리적인 투자를 하려면 어떻게 해야 할까? 어찌 보면 자명한 얘기처럼 보이지만 금융 문해력이 굉장히 중요하다. 리터러시는 최근 많이 쓰이는 말로 원래 '읽고 쓰는 능력'을 의미하여 독해력, 문해력이라는 말로 흔히 바꾸어 쓰이고 있으며, 최근에는 그 사전적 의미보다는 이해하는 능력이라는 의미에 가깝게 쓰이고 있다. 금융 문해력은 금융 상품, 금융의 특성, 각종 금융 용어에 대한 이해까지 포함하게 된다.

펀드 투자자들의 처분 효과에 대한 연구에 따르면 다양한 형태의 재무 지식이 처분 효과의 감소에 영향을 미친다는 사실을 밝혀냈다. 특히 뮤추얼 펀드에 대한 지식과 현재 시장 상황에 대한 지식이 처분 효과의 약화에 영향을 미친다는 사실을 알아냈다. 쉽게 말하면 금융 문해력이 높으면 처분 효과에 휘말리지 않는다는 뜻이다.

합리적인 투자를 하려면 단기적인 변동에 휘둘리기보다 주가가 상승 여력이 충분한 가치를 지녔다는 근거가 있다면 그대로 들고 가고, 전망이 좋지 않다는 근거가 있다면 과감하게 손절하는 것이 합리적이다. 변동하는 기업의 주가와 시장 상황은 언젠가는 제자리를 찾아갈 것이기 때문이다.

결국 편향에 빠지지 않는 합리적인 투자자가 되려면 답은 하나다. 금융 공부를 심도 있게 해야 한다. 주식 투자를 하려면 주식 공부, 특히 기업 재무에 대한 기본 공부부터 하고 각종 지표를 보는 법, 지표가 주는 의미의 해석 그리고 주식 투자의 기본 원칙 등 금융 문해력이 선행되어야만 한다. 지금 얘기한 금융 공부는 절대 몇몇 유튜버가 찍어주는 방송을 보란 의미가 절대 아니다. 스스로 생각하고 판단할 수 있는 힘을 기르는 것만이 우리의 지갑을 지키는 길이다.

물타기와 존버의 늪

이미 엎질러진 물

우리가 일상에서 흔히 겪는 상황을 한번 떠올려보자. 큰맘 먹고 운동 기구나 전자 기기를 구매했다고 치자. 그런데 막상 며칠 사용해보니 그 물건이 광고와 달리 나에게는 무용지물에 가까워서 기존에 있던 낡은 물건보다 현저하게 효율성이 떨어진다는 점을 바로 깨달았다고 하자. 그러면 우리는 이성적으로 어떤 선택을 해야 할까? 당연히 성능이 더 좋고 손에 익은 이전에 있던 낡은 것을 쓰는 것이 합리적이다. 아니면 새로 산 효율성이 떨어지는 물건을 써야 할까?

우리가 어떤 물건을 비싼 값에 구입했다고 해보자. 그런데 안타깝게도 무용지물에 가까워 기존에 갖고 있던 같은 용도의 물건보다 효율성이 현저히 떨어지는 상황이다. 그렇다면 우리는 기존의 것과 새로 산 것 중 어떤 것을 사용하게 될까? '매몰 비용'을 다룬 모든 실험을 보면 대부분 비싼 가격을 치르고 구입한 새 물건을 사용한다.

합리적인 인간이라면 보다 효율적인 예전 기기를 사용해야만 한다. 과거에 지불한 돈은 현재의 효율성과는 아무런 상관이 없기 때문이다. 하지만 인간은 이미 쏟아붓고 사라진 비용을 매우 아까워해 비효율적으로 새 물건에 집착하게 되는데 이를 '매몰 비용의 오류sunk cost fallacy'라고 한다.

이러한 현상은 비단 물건 구매뿐만 아니라 우리 삶의 전반적인 의사 결정 과정에 깊숙이 침투해 있다. 맛이 없는 음식을 비싼 돈을 주고 시켰다는 이유로 배가 부른데도 꾸역꾸역 다 먹는 행위, 영화가 너무 재미없어서 잠이 오는데도 이미 지불한 티켓 값이 아까워 끝까지 자리를 지키고 앉아 있는 행위 등이 모두 여기에 해당한다.

경제학적으로 합리적인 의사 결정은 과거에 지불한 비용(매몰 비용)은 무시하고 오직 현재 시점에서의 편익과 비용만을 고려해야 한다. 이미 지불된 비용은 어떤 수를 써도 회수할 수 없는 '엎질러진 물'이기 때문이다. 그러나 우리의 뇌는 '본

전’ 생각을 떨쳐버리지 못하고 과거의 지출을 정당화하기 위해 현재의 시간과 노력을 계속해서 낭비하는 비합리적인 선택을 반복한다.

비싼 선수는 뺄 수 없다

매몰 비용의 오류가 가장 극명하고 드라마틱하게 드러나는 곳 중 하나는 프로 스포츠의 자유 계약 선수FA, free agent 시장이다. FA 선언 후 다른 팀으로부터 거액의 계약금을 제안받고 새롭게 계약을 맺은 선수가 있다고 해보자. 안타깝게도 부진이 이어지고 있음에도 불구하고 감독은 그 선수를 계속 기용한다. 이럴 때 경기를 중계하던 해설자가 이렇게 말한다. "감독 입장에서는 저 선수를 계속 기용하고 시간을 줄 수밖에 없어요. 왜 저 선수를 데리고 왔는지를 증명해야만 하거든요."

이게 과연 합리적인 얘기일까? 감독들이 입버릇처럼 하는 얘기 중 하나가 '이름값 빼고 실력 위주로 선수들을 쓰겠다'는 얘기인데 그런 측면에서 보자면 매우 비합리적인 얘기이다. 당장 팀의 승리가 급한 상황에서 성적이 나쁜 고액 연봉자를 계속 경기에 내보내는 것은 팀 전체에 마이너스가 된다. 그럼에도 불구하고 구단 입장에서 FA 선수를 계속 기용하고 시간을 준다는 점이 누가 봐도 지나칠 경우 우리는 두 가지 비합리성을 의심할 수밖에 없다.

　제1부 투자의 심리학: 탐욕과 공포 사이, 내 돈을 지키는 법

첫째, 틀렸다는 점을 인정하고 싶지 않은 데서 나오는 편향이다. FA시장에서 계약을 추진한 구단의 책임자(특히 단장 혹은 감독)은 자신의 선택에 만족해 스스로를 인정하면서, 최고의 선수를 영입했다고 사후 확신하거나 합리화하기 마련이다. 그래야만 마음이 편해지고 심리적 안정감을 가질 수 있다. 이러한 심리를 '선택 지지 편향choice supportive bias'이라고 한다. 이것은 내 결정이 최고의 선택이었다고 기억하고, 내가 택하지 않은 결정은 더 나쁜 선택이었다고 생각하는 편향을 말한다. 결국 자신의 선택이 매우 합리적이고 최고의 결정이었다는 것을 여러 사람에게 보여주기 위해서라도 한동안 영입한 선수를 계속 기용할 수밖에 없다. 자신이 영입한 선수를 벤치에 앉혀두는 것은 곧 자신의 안목이 틀렸음을 자인하는 꼴이 되기 때문이다.

둘째, 앞서 언급한 매몰 비용의 오류 때문이다. 고액의 연봉을 약속하고 FA 계약을 한 경우를 생각해보자. 계약을 했지만 막상 선수로 계속 기용해보니 같은 포지션의 신인이 훨씬 뛰어날 수도 있다. 그럼에도 불구하고 영입한 선수를 계속 기용하는 것은 이미 지불한 거액의 연봉(매몰 비용)이 아까워서, 그 비용을 회수해보려는 심리로 계속 기회를 주는 것이다.

메이저리그에서는 이러한 선수들에 대해 정확한 인식과 가혹한 평을 하는 경우가 많다. 예를 들면 2012년 LA 에인절스는 알버트 푸홀스와 10년 계약을 맺게 되는데 이미 그는 계약 직전 해 성적이 전보다 다소 떨어져 있었으며 10년 차에는 나이가 41살이 되는데도 불구하고 10년 차에도 거액의 연봉을 받을 수 있도록 엄청난 계약을 안겨줬다. 한때 최고였던 타자를 주전에서 제외하는 결정은 매우 어려울 수밖에 없다.

선수들이 평생 쌓아 올린 업적에는 전혀 흠이 안 되겠지만, 에이징 커브나 부상을 겪으면서 현재 같은 팀 다른 선수들에 비해 실력이 현저히 떨어진 선수를 고액 연봉 때문에 계속 쓴다는 것은 팀이 승리하는 데 도움이 전혀 안 된다. 비싼 몸값을 주고 영입했지만 성적이 안 나와 쓰지도 못한다고 비난을 받으면서 우승하는 것. 욕을 먹지 않으려고 비싸고 비효율적인 선수를 계속 기용하면서 성적이 떨어지는 것. 이 두 경우를 비교하면 전자를 우선해 선택해야만 한다. 그게 바로 프로 스포츠 구단을 운영하는 목적이기 때문이다.

본전 생각의 덫

주식 시장으로 눈을 돌려보면 매몰 비용의 오류는 투자자들의 심리를 더욱 복잡하게 옭아맨다. 누군가가 폭락하는 주식 시장에서 약 40%에 달하는 손실을 경험했다고 가정하자. 이때 투자자의 반응은 크게 두 가지로 나뉜다.

하나는 마치 독사에 물린 것처럼snakebite effect, 우리 속담

으로 치면 '자라 보고 놀란 가슴, 솥뚜껑 보고 놀란다'라는 것
처럼 주식이 조금만 떨어져도 가슴을 매우 졸이게 된다. 조금
이라도 이상한 주식이 보이면 손을 대지 않거나 혹은 자신의
포트폴리오에서 비중을 줄일 것이다. 즉 손실 회피로 돌아서
는 경우이다. 과거의 손실 경험이 현재의 합리적 투자 판단을
방해하고 지나친 위축을 가져오는 것이다.

그런데 연구에 따르면 이와 반대되는 현상 또한 일관되게
보여진다. 바로 본전을 찾으려는 현상이다. 엄청난 손실을 보
인 투자자들 중 일부는 이제 전의에 불타오르게 된다. 배수진
을 치고 결사항전의 심정으로 '나는 꼭 본전을 찾고 말리라!'
하는 자세로 주식 전선에 또 뛰어든다. 마치 카지노로 향하는
도박꾼의 자세와 같다. 실제로 손실 금액을 되찾고자 하는 병
적인 집착증을 보이며 위험 수준을 매우 높이고 주식 시장에
매우 공격적으로 임하는 모습을 보이는데, 이를 허쉬 쉐프린
Hersh Shefrin 교수는 시쳇말로 '본전을 찾기 위한 병적 증세get-
evenitis'라고 표현했다. 여기서 '-itis'는 병이나 염증을 뜻하는
접미사로 본전even을 찾으려는get 행위가 마치 질병처럼 투자
자의 이성을 마비시킨다는 의미다.

이러한 본전 찾기 심리가 주가가 하락할 때 주식을 추가
로 매수하여 평균 매입 단가를 낮추려는 소위 '물타기' 행동으
로 이어진다. 이미 손실이 난 상태를 인정하고 손절매하는 대

신 더 많은 자금을 투입하여 손실을 만회하려 한다. 이는 마치 도박판에서 잃은 돈을 만회하기 위해 판돈을 키우는 것과 같다. '지금까지 잃은 게 얼만데, 여기서 그만둘 순 없어'라는 생각, 즉 매몰 비용에 대한 집착이 더 큰 손실을 불러오는 물타기의 늪으로 투자자를 유인하는 것이다.

존버와 전망 이론

또한, 주식 시장의 영원한 테마인 '존버' 역시 매몰 비용과 손실 회피 성향의 결합으로 설명할 수 있다. 대니얼 카너먼과 아모스 트버스키가 제시한 전망 이론에 따르면 사람들은 이익보다 손실에 훨씬 더 민감하게 반응한다. 같은 크기의 이익이 주는 기쁨보다 같은 크기의 손실이 주는 고통이 약 2배 이상 크다는 것이다.

손실이 실현되었을 때 느끼는 고통의 크기는 비슷한 수익을 거뒀을 때 느끼는 기쁨보다 훨씬 크다. 따라서 사람들은 손실과 그 손실로 인해 느끼는 좌절감을 회피하려는 경향을 보이며 손실을 실현시키기를 거부한다. 주가가 떨어져서 파란불이 들어와 있는 계좌를 보면서도 '팔지 않으면 손실이 아니지'라고 최면을 걸면서 버티는 것이다. 이미 투입된 시간과 돈이 아까워서, 지금 팔면 그 돈이 영원히 사라진다는 사실을 받아들이기 힘들어서 가망 없는 주식을 붙들고 '언젠가는 오르겠지'라고 막연한 희망 고문을 이어간다.

전망 이론의 그래프를 보면 손실 영역에서는 그래프의 기울기가 가파르지만, 손실액이 커질수록 기울기가 완만해지는 '민감도 체감성diminishing sensitivity'을 보인다. 이는 처음에 100만 원을 잃었을 때의 충격은 매우 크지만, 이미 1000만 원을 잃은 상태에서 추가로 100만 원을 더 잃는 것에 대해서는 상대적으로 둔감해진다는 것을 의미한다. 이러한 심리적 기제가 작동하기 때문에 투자자들은 이미 손실이 커진 상태에서는 '에라, 모르겠다. 될 대로 되라'라는 심정으로 위험을 감수하며 무작정 존버를 하거나 무리한 물타기를 감행하게 된다.

과거에 얼마를 투자했는지, 내가 얼마에 샀는지는 미래의 주가에 아무런 영향을 미치지 않는다. 시장은 내가 얼마에 샀는지 전혀 관심이 없다. 오직 기업의 미래 가치만이 중요할 뿐이다. 매몰 비용에 집착해 과도한 물타기를 하거나 무작정 존버를 하는 것은 구멍 난 독에 물을 붓거나 가라앉는 배에서 탈출하지 않고 "내가 지금까지 쓴 돈이 얼만데!"라고 소리치는 것과 같다. 과거의 비용은 잊고 현재와 미래의 가치에 집중하는 것. 그것이 매몰 비용의 늪에서 탈출할 수 있는 유일한 구명밧줄이다.

3장

시장을 움직이는 거대한 착각들

버블은 어떻게 만들어지는가

태양의 흑점이 경제를 움직인다?

19세기 후반, 윌리엄 제본스William Stanley Jevons라는 영국의 경제학자는 아주 흥미로운 주장을 내놓았다. 세계 경제가 태양 흑점의 변동에 따라 움직인다는 것이었다. 그의 논리에 따르면 흑점의 변화에 따라 지구로 오는 태양열이 변하게 되고 태양열의 변화에 따라 작물의 수확량도 달라지기 때문에 결국 경제 전체의 경기 변동을 초래할 수 있다는 것이다.

오늘날의 시각에서 보면 다소 황당하게 들릴 수도 있겠지만, 당시에는 꽤나 그럴듯한 이론으로 인정받기도 했다. 물론 현대에 와서 흑점 자체가 경제 변화에 직접적인 영향을 미친다는 그의 주장은 타당하지 못한 것으로 판명이 났다.

그런데 시간이 한참 흐른 1983년, 데이비드 카스David Cass와 칼 쉘Karl Shell이라는 경제학자들이 나타나 이 '흑점'이라는 용어를 다시 끄집어내며 제본스와는 전혀 다른 차원의 설명을 내놓았다. 흑점 자체가 경제 변화에 영향을 끼치지는 않으나, '대중들이 흑점이 경제에 영향을 미친다고 믿는다면 실제 경제 변화가 발생할 수 있다'라는 주장을 한 것이다. 경제 펀더멘털의 본질적 인과 관계와는 무관하게 사람들이 만들어내는 이야기와 이에 대한 '믿음'이 경제에 영향을 미치게 되어 발생하는 균형, 이것을 그들은 '태양 흑점 균형sunspot equilibrium'이라 불렀다.

이 개념을 좀 더 쉬운 예로 살펴보자. 어느 날 갑자기 사람들 사이에서 "금값이 떨어졌으니 은행이 망할 거야"라는 소문이 돌기 시작했다고 가정해보자. 사실 금값 하락과 은행의 파산 사이에는 직접적인 인과 관계가 없을 수도 있다. 그러나 모든 사람이 그 소문을 사실이라고 믿고 은행으로 달려가 돈을 인출하기 시작한다면 멀쩡하던 은행은 실제로 지급 불능 상태에 빠져 망하게 된다. 즉, 본질적인 인과 관계가 없더라도 단지 대중의 믿음으로 인해 어떤 결과가 달성되는 경우가 발생하는데, 이것이 바로 흑점 균형이 시사하는 바이다.

또 다른 경제학자인 로저 파머 등은 이를 '자기 실현적 예언self-fulfilling prophecy(자기 충족적 예언)'으로 설명한다. 경제는 좋은 방향이든 나쁜 방향이든 어느 쪽으로도 진행될 수 있는데, 그 방향을 결정하는 결정적인 키는 바로 경제 주체의 믿음이라는 것이다. 예를 들어 기업이나 국민들이 미래 경제에 대해 지나친 비관론을 가지고 있다고 하자. 수출이 증가한다는 호재가 있음에도 불구하고 과도한 불안감으로 투자를 하지 않는다면 이는 기업의 고용 감소를 일으키게 되고, 다시 노동자들의 소득 감소로 이어져 결국 경기 침체와 기업 활동 위축이라는 실제 상황을 만들어낸다. 반대로 긍정적인 믿음은 긍정적인 결과를 가져올 수도 있다. 요약하자면 우리들의 믿음이 경기 변동과 경제 상황 변화를 이끌 수도 있다는 얘기이다.

이야기가 만드는 시장

경제 현상이라는 내생 변수에 영향을 끼치는 것은 통화든, 재료든, 물건이든 어떠한 형태에서든 수요와 공급이라는 외생 변수임에는 틀림없다. 그러나 내가 제일 좋아하는 행동경제학자인 로버트 쉴러Robert J. Shiller 교수는 여기에 아주 강력한 외생 변수를 추가하고자 한다. 바로 '대중의 믿음'이다. 그리고 이러한 대중의 믿음을 만들어내는 원천으로 쉴러 교수는 '내러티브narrative'를 지목한다.

 제1부 투자의 심리학: 탐욕과 공포 사이, 내 돈을 지키는 법

쉴러는 경제를 움직이는 소문, 대중의 믿음을 좌지우지하는 이야기들을 내러티브라고 정의하고 이 내러티브가 때때로 전염병처럼 사람들에게 퍼져나가 결국 여러 경제 현상, 투자 현상들을 야기한다고 강력하게 주장한다. 그는 조지 애커로프George Akerlof와 함께 쓴 《야성적 충동》에서 경제학에서 다루지 않았던 인간의 자신감, 공정성, 경제 주체의 부패, 그리고 전염성이 있는 인간들의 이야기 등을 '야성적 충동'이라고 불렀다. 실제로 이러한 요소들로 인해 나타나는 비경제적 동기와 비합리적 반응들에 주목하였고, 이를 통해 불황과 공황 등 거시경제적 현상을 설명했다.

쉴러는 특히 2000년대 초반의 '닷컴 버블' 같은 현상을 분서하면서 내러티브의 힘을 강조했다. 닷컴 버블은 1995년부터 2000년대 초반까지 인터넷 관련 기업들의 주가가 폭등했다가 거품이 꺼진 사건이다. 당시 기업의 이름에 '닷컴(.com)'만 붙어 있으면 주가가 폭등했다는 의미를 담고 있다.

주류 경제학은 자본 시장에서의 자산 가격에는 이용 가능한 모든 정보가 신속하게 반영되기 때문에 합리적인 투자자가 수시로 변동되는 주가를 예측하여 초과 수익을 얻을 수 없다는 '효율적 시장 가설efficient market hypothesis'을 신봉한다. 이 가설에 따르면 실제 가치보다 주가가 높거나 낮은 경우는 없기 때문에 거품도 존재할 수 없다.

　　그러나 현실은 달랐다. 쉴러는《비이성적 과열》에서 버블 현상이 일어나는 원인으로 자본주의의 폭발적 확대와 인터넷 발달을 기반으로 한 구조적 요인, 뉴스 매체의 활동, 그리고 '새로운 시대'라는 경제적 사고에 기반한 문화적 요인 등을 꼽았다. 무엇보다 일반 대중의 심리에 기반한 심리적 요인이 크게 작용했는데, 그 중심에는 '잘 꾸며진 이야기'가 있었다. 주식 시장에서 최근 많은 돈을 번 성공적이고 검소한 사람들의 이야기, 소위 '대박 신화'가 판을 치게 되면 이것이 투자자들의 마음속에 닻으로 자리잡게 된다. 사람들은 그러한 이미지를 기준점으로 삼아 '지금이 아니면 기회를 놓친다'는 불안감과 '나도 부자가 될 수 있다'는 희망 섞인 이야기에 현혹되어 너도나도 시장에 뛰어들게 되고, 이것이 거품을 만든다.

비이성적 과열과 정보 캐스케이드

"비이성적 과열irrational exuberance"이라는 유명한 말은 1996년 12월, 당시 미국 연방준비제도 의장이었던 앨런 그린스펀Alan Greenspan이 과열된 시장 상황을 경고하며 사용한 표현이다. 그러나 아이러니하게도 그린스펀의 경고 이후에도 시장은 계속 과열되었고, 만 3년이 지난 2000년에 들어서야 버블이 터졌다. 이후 나스닥 지수가 버블이 터지기 전 수준까지 돌아가는 데에는 무려 15년가량 걸렸다.

이러한 비이성적 과열은 과거의 일만이 아니다. 글로벌 코로나19 팬데믹 이후 우리 사회를 강타했던 주식과 가상화폐 열풍, 이른바 '동학 개미', '서학 개미' 운동과 '영끌(영혼까지 끌어모아 투자)', '빚투(빚내서 투자)' 현상도 같은 맥락에서 이해할 수 있다. 실물 경제 지표는 하락하는데 자산 시장은 과열되고 개인 투자자 비중이 커지는 현상은 한국뿐만 아니라 미국(로빈후드), 일본(닌자 개미), 중국(청양부추) 등 전 세계적으로 나타났다.

왜 사람들은 이렇게 무리를 지어 투기판에 뛰어들까? 쉴러는 이를 '군중 행동herd behavior' 또는는 '양떼 효과herd effect'로 설명하며, 그 기저에는 '정보 캐스케이드information cascade' 현상이 있다고 보았다. 정보 캐스케이드란 정보가 마구 쏟아져서 원하는 정보를 찾기 어려울 경우, 혹은 자신이 가진 정보에 확신이 없을 때 사람들이 타인의 결정에 따라 자신의 의사를 결정하는 현상을 일컫는다. 예를 들어 우리는 처음 가는 낯선 동네에서 음식점 두 곳 중 하나를 선택해야 할 때 식당 안이 텅 빈 곳보다는 손님이 꽉 차 있는 곳을 선택하곤 한다. '남들이 많이 가는 데는 이유가 있겠지'라고 생각하며 타인의 행동을 정보로 삼는 것이다.

투자 시장에서도 마찬가지다. 정보의 홍수 속에서 어떤 주식이 오를지 독자적으로 판단하기 어려운 개인 투자자들은 "누가 어디에 투자해서 대박 쳤다던데", "지금 이 종목이 뜬대" 같은 입소문과 뉴스, 유튜브 등 미디어의 내러티브에 휩쓸리기 쉽다. 쉴러는 이러한 군중 행동을 설명하기 위해 전염병 확산 모델이나 개미들의 네트워크 형성 과정을 차용하기도 했다. 개미들이 앞서가는 개미의 꽁무니만 보고 따라가다가 거대한 원을 그리며 뱅뱅 도는 '원형 선회circular mill' 현상처럼 투자자들도 서로의 꼬리를 물며 거품을 키워나간다.

요약하면, 버블을 만드는 데에는 군중들의 심리적 요인을 무시할 수 없으며 보다 구체적으로는 닻내림 효과와 정보 캐스케이드에 기인한 군중 심리를 주목해야 한다. 그리고 이를 가능하게 하는 촉매제는 각종 미디어를 통해 전파되는 '잘 꾸며진 이야기'이다.

로버트 쉴러의 경고처럼, 코로나19 대유행과 같은 위기 상황에서 대중의 공포와 좌절이 영구히 지속될 것이라는 내러티브가 형성되면 경제 불황이 자기 실현적 예언이 되어 실제로 닥쳐올 수 있다. 반대로 맹목적인 낙관론이 퍼지면 감당할 수 없는 거품이 형성된다. 우리 국민 대다수는 어쩌면 주식 혹은 부동산을 보며 이 흐름에 올라타야 한다고 생각하고 있을지도 모른다. 하지만 투자는 하되 버블에는 올라타지 말아야 나중에 손실을 볼 확률을 줄일 수 있다.

그 어느 때보다 요즘은 휴리스틱과 관련 있는 '시스템 1'

보다는 이성적으로 복잡한 계산과 의사 결정을 담당하는 '시
스템 2'를 제대로 가동하여 내러티브의 실체를 냉철하게 바라
봐야 할 시점이다.

경제 전망이 틀리는 이유

다트를 던지는 원숭이보다 못한 예측

우리는 하루에도 수많은 전문가들을 마주한다. 뉴스에서는 경제 전문가가 나와 향후 주가 추이와 부동산 경기를 예측하고, 선거철이 되면 정치 평론가들이 선거 결과를 장담한다. 서점에는 미래를 예견하는 수많은 책들이 진열되어 있고, 정부 부처에서는 '메가 트렌드 예측'이라는 주제로 10년 뒤, 심지어 30년 뒤의 한국 사회를 예측하는 프로젝트를 쏟아낸다. 이런 모습을 볼 때마다 마음 한구석에서는 의문이 피어오른다. '저게 된다고?', '설마 저렇게 해서 나온 내용이 정말 맞을 거라고

생각하는 건 아니겠지?'

우리는 전문가라는 호칭을 가진 사람들의 말을 무비판적으로 신뢰하는 경향이 있다. 그들이 가진 권위와 지식 그리고 확신에 찬 어조가 우리를 안심시키기 때문이다. 하지만 행동경제학의 연구 결과들은 우리의 믿음과는 사뭇 다른 이야기를 들려준다. 펜실베이니아 대학교의 심리학자이자 정치학자인 필립 테틀록Philip Tetlock은 전문가들의 예측 능력을 검증하기 위해 무려 20년에 걸친 대규모 연구를 진행했다. 그는 284명의 전문가를 모집해 경제, 주식, 선거, 전쟁 등 당면한 문제에 대해 예측해달라고 요청했다. 그가 수집한 예측의 개수만 약 8만 개에 달했다.

긴 시간이 흐른 뒤 테틀록은 전문가들이 내놓은 예측의 정확성을 냉정하게 측정했다. 결과는 충격적이었다. 전문가들의 예측 능력은 무작위적인 추측과 별반 차이가 없었다. 박사학위 소지자의 예측과 학부 졸업자의 예측에도 거의 차이가 없었으며, 훌륭한 저서를 쓴 교수들의 예측 또한 해당 분야 신문기자의 예측과 별반 다르지 않았다. 테틀록은 이러한 현상에 대해 "전문가들이 내놓은 예측은 원숭이가 다트를 던져서 나온 결과보다 못하다dart-throwing chimpanzees."라는 유명한 은유를 남겼다. 원숭이가 무작위로 다트를 던져서 종목을 찍는 것이나, 고액 연봉을 받는 전문가가 분석해서 내놓은 예측이

나 확률적으로 큰 차이가 없다는 것이다.

더욱 흥미로운 점은 전문가의 명성과 예측력이 반비례하는 경향을 보였다는 것이다. 미디어에 자주 출연하고 대중적인 인지도가 높은 전문가일수록 오히려 예측의 정확도는 떨어지는 것으로 나타났다. 우리는 TV에 자주 나오는 유명한 전문가의 말을 맹신하지만, 데이터는 그들이 단지 '유명한' 사람일 뿐, '미래를 잘 맞히는' 사람은 아님을 보여주고 있다.

고슴도치와 여우

그렇다면 왜 똑똑한 전문가들이 미래를 예측하는 데 실패할까? 그리고 개중에는 미래를 더 잘 예측하는 사람들은 없을까? 테틀록은 영국의 철학자 이사야 벌린Isaiah Berlin의 에세이 《고슴도치와 여우》에 나오는 우화를 차용하여 예측가들을 두 가지 유형으로 분류했다. "여우는 많은 것을 알지만, 고슴도치는 중요한 것 한 가지만을 안다."

고슴도치 유형의 전문가들은 세상을 바라볼 때 '중요한 것 하나', 즉 자신이 가진 거대하고 일관된 이론이나 이념이라는 렌즈를 통해 모든 것을 설명하려 한다. 그들은 자신의 지식에 대한 확신이 강하고, 복잡한 문제를 명쾌한 논리로 단순화하는 데 능하다. 따라서 시청률을 올려야 하는 방송 프로그램이나 상대를 여과 없이 공격해야 하는 시사 프로그램에는 딱 맞는 사람들이다. 그들의 주장은 선명하고 자신감이 넘치기 때문에 대중을 사로잡는 데 유리하다. 그러나 바로 그 점 때문에 그들은 유연성이 떨어지고, 자신의 이론에 맞지 않는 정보는 무시하거나 왜곡하여 받아들이는 경향이 있다.

반면 여우 유형의 전문가들은 중요한 사실 하나에 집착하지 않고 여러 가지를 넓게 아는 제너럴리스트에 가깝다. 그들은 세상이 복잡하고 불확실하며, 운을 포함한 여러 변수들이 상호 작용하여 변해간다는 사실을 인정한다. 때에 따라서는 우리가 예상치 못했던 엄청난 결과, 즉 '블랙 스완'이 나타날 수 있음을 받아들인다. 그들은 하나의 거창한 이론으로 모든 것을 설명하려 들지 않고, 다양한 정보원을 통해 데이터를 수집하고, 상황에 따라 유연하게 자신의 생각을 바꿀 줄 안다. 테틀록의 연구 결과, 미래를 보다 정확하게 예측하는 사람들은 고슴도치가 아닌 여우 유형의 전문가들이었다.

TV 화면 속에서 확신에 찬 목소리로 "제 말대로만 하면 됩니다"라고 외치는 전문가는 고슴도치일 가능성이 높다. 반면, "이럴 수도 있고 저럴 수도 있는데, 현재 데이터로는 이쪽 가능성이 조금 더 높아 보입니다"라고 조심스럽게 말하는, 어찌 보면 답답해 보이는 사람이 오히려 여우 같은 현인일 수 있다. 우리는 전문가의 확신에 찬 태도에 매료되지만, 정작 신뢰해야 할 것은 유연하고 신중한 태도다.

전문가가 실패하는 이유

전문가들이 예측에 실패하는 또 다른 중요한 이유는 심리적 편향, 특히 '자기 과신overconfidence' 때문이다. 리처드 탈러는 "과신이야말로 투자자들의 가장 큰 실수"라고 지적했고, 심리학자 스콧 플라우스Scott Plous는 "판단과 의사 결정을 할 때, 과신보다 더 흔하면서 재앙스러운 일은 없다"라고 단언했다.

사람들은 자신의 능력을 실제보다 높게 평가하는 경향이 있다. 운전자의 4분의 3 이상이 자신의 운전 실력이 평균 이상이라고 생각하고, 대학 교수의 94%가 자신의 연구 능력이 평균 이상이라고 믿는다. 전문가들 역시 마찬가지다. 그들은 자신이 해당 분야에 대해 많이 알고 있다는 사실 때문에 자신의 예측 능력 또한 과대평가한다. 자신의 지식이 있는 분야에서는 훨씬 더 과신하는 경향이 있는데, 이를 '지식의 저주' 혹은 '전문가의 함정'이라고도 볼 수 있다.

이러한 자기 과신은 '맹점 편향bias blind spot'과 결합하여 더욱 강화된다. 맹점 편향이란 다른 사람의 생각은 편향되어 있다고 지적하면서도, 정작 자신의 주장은 합리적이고 객관적이라고 믿는 현상을 말한다. 애덤 그랜트Adam Grant는 그의 저서《싱크 어게인》에서 "나는 편향되지 않았다"라고 생각하기 때문에 똑똑한 사람이 실패한다고 지적했다. 전문가들은 자신의 예측이 맞으면 그것을 자신의 탁월한 식견과 전문성 덕분

　　제1부 투자의 심리학 : 탐욕과 공포 사이, 내 돈을 지키는 법

이라고 생각하고, 예측이 틀렸을 때는 "누구도 예상할 수 없는 예외적인 일이 일어났을 뿐"이라며 운이나 상황 탓으로 돌리는 경향이 있다. 이른바 '잘 되면 내 탓, 안 되면 조상 탓'이라는 '자기 위주 편향self-serving bias'이다.

이러한 심리 기제 때문에 전문가들은 틀린 예측을 내놓고도 반성하거나 수정하지 않는다. 오히려 틀린 이유를 합리화하기 위해 더 복잡한 논리를 만들어내거나, "타이밍이 조금 안 맞았을 뿐, 내 분석은 옳았다"고 주장한다.

우리를 현혹하는 권위라는 옷

우리가 전문가의 예측에 속는 또 다른 이유는 '후광 효과' 때문이다. 후광 효과는 어떤 사람이나 사물의 일부분에서 받은 긍정적인 인상으로 인해 다른 부분까지 긍정적으로 평가하게 되는 부적절한 일반화의 오류를 의미한다.

우리는 '의사', '교수', '박사'라는 타이틀이나 하얀 가운, 정장 같은 권위적인 복장을 보면 무의식적으로 그 사람의 말에 신뢰를 보낸다. 몇해 전에 투자 자문관, 의사, 부동산 전문가 등 수시로 직업을 바꿨던 한 사기꾼이 있었다. 그는 자신이 일본 유명 대학의 교수이자 정신의학과를 전공했다며 언론 인터뷰를 하고 칼럼까지 기고했다. 나중에 밝혀진 바에 따르면 그는 동대문에서 옷을 만드는 일을 했던 사람이었다. 전문가를 자처한 사기꾼에게 일반 대중뿐만 아니라 공직자와 다른 전문가들까지 속아 넘어갔다. 그들이 속은 이유는 여러 가지가 있겠지만, 전문가임을 연상시키는 상징과 권위가 주는 후광 효과가 결정적인 역할을 했을 것이다.

특히 전문가가 구체적인 숫자나 전문 용어를 제시하면 우리는 더 쉽게 무장해제된다. "이 제품을 복용한 사람들의 50% 이상이 체중 감량 효과를 봤습니다"라는 멘트를 의사가 하얀 가운을 입고 한다면? 대부분의 사람들은 의심 없이 받아들인다. 그러나 그 숫자가 어떻게 도출되었는지, 표본은 충분한지, 통계적으로 유의미한지 따져보는 사람은 거의 없다. 숫자는 거짓말을 하지 않는다고 생각하지만, 숫자를 다루는 사람은 얼마든지 거짓말을 하거나 의도를 가지고 숫자를 편집할 수 있다.

내 그럴 줄 알았지

마지막으로 전문가들의 예측이 빗나갔음에도 불구하고 그들이 여전히 전문가로 대접받는 이유 중 하나는 대중의 '사후 확신 편향hindsight bias' 때문이다. 어떤 사건이 터지고 나면 사람들은 마치 그 일이 일어날 것을 미리 알고 있던 것처럼 착각한다. "내 그럴 줄 알았어", "(비록 수많은 예측 중 하나가 우연히 맞았을 뿐이라도) 역시 그 전문가 말이 맞았네"라고 생각하는 것이다.

전문가들은 이 편향을 교묘하게 이용한다. 그들은 수많은 예측을 쏟아낸다. 마치 '진 딕슨 효과'처럼 최대한 많은 예측을 내놓으면 그중에 몇 개는 맞을 수밖에 없다. 그리고 대중은 맞은 예측만을 기억하며 그를 용한 전문가로 추앙한다. 예측이 어긋날 경우 "그때는 상황이 특수했다"라는 변명과 함께 대중의 기억 속에서 잊힌다.

그렇다면 우리는 어떻게 해야 할까? 전문가의 말을 무조건 무시해야 할까? 그렇지 않다. 전문가는 해당 분야에 정통한 사람임은 분명하다. 다만 우리는 그들의 예측을 맹신하는 태도를 버려야 한다. '부적합한 권위에 호소하는 오류'를 범하지 않도록, 그 전문가가 자신의 전문 영역에 대해 말하고 있는지 확인해야 한다. 또한, 확신에 차서 단언하는 고슴도치형 전문가보다는, '틀릴 수도 있음'을 전제로 다양한 가능성을 열어두는 여우형 전문가의 말에 조금 더 귀를 기울이는 편이 낫다.

테틀록은 예측력을 높이기 위해서는 정답을 미리 정해두지 않고, 주어진 문제에 대해 보다 많은 정보를 수집하고, 자기 잘못을 바로 시인하고 생각을 바꿀 줄 아는 '실용주의적 사고'가 필요하다고 강조했다. 이는 비단 전문가에게만 해당되는 말이 아니다. 불확실한 미래를 살아가는 우리 모두가 지녀야 할 태도이기도 하다.

제2부

세상의 비이성

: 우리는 왜 서로를 미워하고 속는가

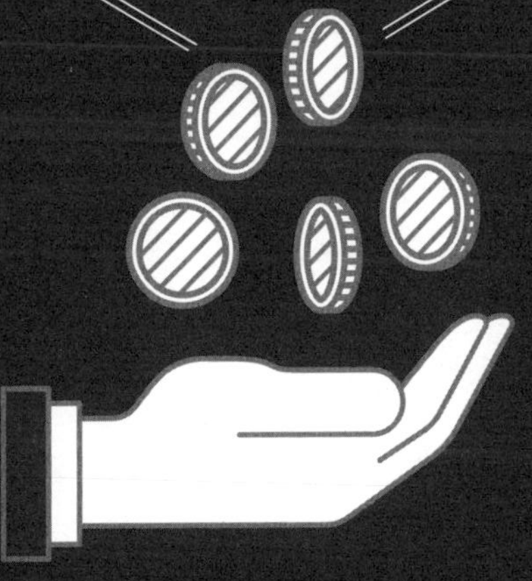

4장

선거판을 지배하는 승부사들

트럼프는 미치광이인가 전략가인가

미치광이 전략의 귀환

다시 도널드 트럼프Donald J. Trump의 시대가 왔다. 트럼프는 당선되자마자 이전에 자신이 하고자 했던 정책들을 이어서 진행하기 시작했는데, 우리가 주목하는 분야는 아무래도 국제 통상 분야이다. 트럼프는 취임하자마자 캐나다·멕시코·중국을 겨냥한 추가 관세 방침을 내놓으며 미국과 교역하는 많은 국가에게 큰 충격을 안겨주었다. 캐나다와 멕시코에는 25%, 중국에는 10%의 관세를 부과할 것이라고 했는데, 그 이유는 불법 이민과 마약 문제 때문이었다. 당장 모든 알루미늄과 철강에 대해 25% 관세를 부과한다고 발표하고, 이후 상호 관세에 대해 추가 발표한다고 했다. 이렇게 지금까지 나온 것만 하더라도 세계 각국들이 신경을 곤두세우기에 충분했다.

대외적으로는 자국민을 보호한다는 보호 무역을 공개적으로 표방하고 나선 가운데 본인이 세계 평화에 기여하여 일곱 곳의 전쟁을 종결시켰다며 스스로를 노벨평화상 자격이 있다고 말한다. 강대국의 보호 무역은 까딱 잘못하면 국가 간의 신뢰를 무너뜨리고 전쟁 위험을 초래할 수 있다는 사실을 모르는 듯하다.

미국 국내는 또 어떠한가? 이민자들의 추방에 반대하는 시위대들을 좌파, 폭도로 정의하고 그들을 진압하기 위해 군대를 투입한다. 트럼프의 지지자들이야 트럼프가 무엇을 하든 찬성하겠지만, 그의 예측할 수 없는 행동은 국내에서도, 그리고 국제 사회에서도 많은 반발이 일어나고 있다.

트럼프의 이러한 일련의 행동들을 과연 어떠한 관점에서 보아야 하는가? 트럼프에 대해 비판적인 심리 전문가들은 트럼프가 소시오 패스 혹은 자기애적 인격 장애 등이 있는 매우 위험한 인물로 진단하고 있기도 하다. 한편으로는 고도의 협상 전략가가 아닌가 싶다. 트럼프가 우리에게 '또라이', '미친 놈' 소리를 듣고는 있지만 실제는 그렇지 않으면서 사람들이 그렇게 보이기를 원하기 때문일 수도 있다는 얘기다.

‘미치광이 전략madman theory’은 공식 국제정치학 용어로 미국 제37대 대통령 리처드 닉슨Richard Nixon의 대외 정책을 설명하는 중심 개념이다. 1970년대 초중반 국무장관 헨리 키신저Henry Kissinger는 다른 나라 정상에게 닉슨이 ‘미친놈’ 혹은 ‘또라이’여서 행동이 매우 충동적이고 비이성적이라고 믿게 만들었다. 그 결과 소련 중심의 제3세계 국가들은 닉슨의 심기를 잘못 건드렸다가는 발끈해 언제든 핵전쟁을 일으킬 수 있다고 믿게 되었다. 결국 이 전략이 미국 중심의 국제 질서를 만드는 원동력이 된 셈이다. 닉슨은 이 전략에 ‘미치광이 전략’이라는 이름을 직접 붙였다. 심지어 종국에는 이 전략이 베트남 전쟁 종전 협상까지 이끌어냈다고 평가를 받기도 한다.

미국의 주요 교역국인 우리가 트럼프 정부와 무역 협상을 할 때 그가 실제로 정신적으로 문제가 있다고 생각하며 대응하는 전략은 하등 쓸모가 없다. ‘분명 자기 멋대로, 자기 기분대로 할 거야’라고 생각하는 것 또한 행동경제학에서 말하는 ‘기본적 귀인 오류fundamental attribution error’에 해당하는 것이다. 트럼프는 많은 기업의 의견을 수용하여 그들이 원하는 바를 협상에 반영하는 것이야말로 자신의 정치적 기반을 공고히 할 수 있다는 점을 명확하게 인식하는 고도의 전략가라고 생각해야만 한다. 그래야만 우리는 그에 걸맞게 우리가 원하는 바를 끌어낼 수 있을 것이다.

게임 이론을 넘어 양자역학의 세계로

트럼프의 행동에 어떻게 반응해야 하는지, 혹은 그다음 행동을 예측할 때 흔히들 고려하는 것은 '게임 이론game theory'이다. 어떤 사람들은 '팃포탯Tit-for-Tat 전략'을 말하기도 하고 어떤 사람들은 '죄수의 딜레마prisoner's dilemma'를 말하기도 한다.

팃포탯 전략은 쉽게 말해 상대방을 그대로 따라 하는 전략으로 '눈에는 눈, 이에는 이'라는 속담을 생각하면 이해하기 쉽다. 상대방이 협력하면 협력하고 이후 상대방이 배신하면 똑같이 배신하고, 또 한 번 상대방이 협력하고자 하는 눈치를 보이면 곧바로 협력하는 행동이다. 미국의 반응에 대해 국가 혹은 기업이 할 수 있는 가장 간결한 전략이며 여러 차례 걸쳐 게임(협상)이 일어나야만 가능한 전략이다.

죄수의 딜레마는 유명한 이론으로 죄수들이 모두 경찰에 협력할 경우 모두에게 이익이 되지만, 서로 협력하기 어려우므로 최선의 선택을 하지 못한다는 것이 핵심이다. 트럼프가 나머지 국가들을 죄수 취급하며 굴복을 요하는 상황은 그와 비슷하다는 주장도 꽤나 설득력 있다.

그러나 현실은 게임 이론과 부합하기도 하지만 꼭 들어맞지도 않는다. 실제로 세계 경제의 중심인 미국을 등에 업은 트럼프의 협박은 모든 국가에 통하리라 생각했지만 한국을 비롯한 대만, EU 등은 저마다 제 갈 길을 찾으면서도 협력하며 공동 대응까지 모색하고 있다. 트럼프의 생각과는 다르게 합종연횡이 다양하게 일어나고 있기도 하거니와 특히 브라질은 트럼프의 협박에도 불구하고 눈 하나 깜빡하지 않으니 트럼프가 먼저 화해의 제스처를 취했다. 이렇게 게임 이론에서 말하는 내용들은 때로는 맞기도 하고 틀리기도 한다. 왜 그런가?

나는 그 이유를 게임 이론이 기존 경제학의 토대 위에 쌓여졌기 때문에, 게임 주체가 합리적인 의사 결정을 한다고 가정했기 때문이라고 생각한다. 게임 이론에서 참가자들은 합리적이고, 각자 자신의 이익을 극대화하려고 하며, 다른 참가자의 선택도 합리적일 것이라 생각하고 그에 따라 자신의 전략을 결정한다고 가정한다. 즉 인간은 언제나 합리적으로 최선의 선택을 한다는 기존 경제학의 가정을 그대로 따르고 있다.

언제나 얘기하듯 인간은 합리적이라는 주장이 틀린 것이 아니라, 인간은 '언제나' 합리적이라는 주장이 틀렸다. 그리고 합리와 비합리가 공존하는 인간들이 서로 영향을 끼칠 때, 그리고 그 수가 많아질수록 그에서 파생되는 현상들은 수천, 수만이 아니라 수억의 다양한 결과들을 만들 수도 있다.

이것이 오늘날 물리학에서 얘기하는 확률에 근거한 실재이다. 소위 말하는 양자역학의 시대이고, 양자컴퓨팅의 시대이다. 아이작 뉴턴이 창시한 고전역학에서는 물체가 앞으로 어떻게 움직일지 정확히 알 수 있는 결정론적 세계관이다. 움직임을 정확히 예측하는 공식에 따라 그렇게 된다고 믿었던 세계이다. 그런데 이는 수학을 적극적으로 도입했던 기존 경제학과 맞닿아 있다. 기존 경제학에서도 현실이야 어떻든 간에 사람들은 누구나 합리적인 행동을 하고, 이러한 법칙이 맞다고 믿었다. 그러나 양자역학에서는 물체가 어디에 가 있을 가능성이 높은지에 관한 확률적 세계관이다.

트럼프 같은 세계 경제 주체가 자신의 목적하는 바를 이루기 위해 행동했을 때 상대 국가들은 생각하는 대로 대응하지 않는다. 그리고 이들에 대한 트럼프의 대응 또한 우리의 예측대로 움직이지는 않는다. 서로 간섭하며 우리가 생각하는 대로 움직이지 않는 경제 주체들이 지속적으로 영향을 주고받으며 행동하는 것을 과연 고전역학내로 정확히 예측할 수 있는 법칙이 있을까? 절대 그렇지 않으리라 생각한다. 그럴 만한 확률, 그리고 무작위성으로 대변되는 양자역학적 사고방식이 오히려 더 적절하리라 본다.

또한 개인적으로 주목하는 이론은 로버트 퍼트남Robert D. Putnam의 '양면 게임 이론two level game theory'이다. 이에 따르면 국가 간 협상을 시도할 때 두 가지 레벨이 있는데, Level 1은 국가 간 협상하는 상호 작용을 의미하고, Level 2는 해당 국가에서 국가와 국민, 시민단체와의 상호 작용을 의미한다. 트럼프의 관세 폭탄 선언은 대외적인 협상(Level 1)뿐만 아니라 자국

내 지지층을 결집하고 정치적 이득을 얻기 위한 국내용 메시지(Level 2)의 성격도 강하다. 따라서 우리는 트럼프의 행동을 단순한 광기나 즉흥적인 분노로 해석할 것이 아니라, 복잡한 층위에서 계산된 고도의 전략으로 바라봐야 한다.

트럼프를 다루는 협상의 기술

그렇다면 우리는 이 예측 불가능해 보이는 '전략가' 트럼프를 상대로 어떻게 협상해야 할까? 이쯤에서 떠오르는 책이 하나 있다. 펜실베이니아 대학교 와튼스쿨에서 협상을 가르쳤고, 퓰리처상을 수상한 저널리스트 스튜어트 다이아몬드Stuart Diamond의《어떻게 원하는 것을 얻는가》이다. 이 책은 협상 이론을 사람의 심리와 감정에 기반해 설명하고 있는데, 협상이란 단순한 거래가 아니라 상대의 감정을 헤아리고 기분을 맞추며 호의적인 분위기를 조성한 뒤 점진적으로 접근하는 과정이라고 말한다. 즉, 협상의 핵심은 논리보다 사람, 그리고 감정의 흐름을 읽는 능력이다.

다이아몬드는 협상의 원칙을 12가지로 정리했는데, 그중 "모든 상황은 제각기 다르다는 것을 인식하라", "상대의 머릿속 그림을 그려라", "가치가 다른 대상을 교환하라", "감정에 신경 써라" 등의 원칙은 트럼프와의 협상에서 매우 유용하게 적용될 수 있다.

최근의 한·미 협상 사례를 복기해보자. 한국은 일본이나 EU 등 다른 국가들과 외환 보유고와 시장 여건이 다르다는 점을 미국 측에 지속적으로 설명했다. 결국 미국이 처음 제시한 과도한 조건을 조정해 합리적인 선을 이끌어낼 수 있었다. 또한 "상대의 머릿속 그림을 그려라"는 원칙에 따라 미국이 원하는 대규모 대미 투자와 일자리 창출, 즉 트럼프 대통령의 정치적 성과를 충족시키는 카드를 제시했다. 상대의 머릿속 그림을 이해하면 자연스럽게 이어지는 것이 "가치가 다른 대상을 교환하라"다. 미국의 가치는 '제조업 부활'과 '투자 확대'였고, 한국의 가치는 '주력 상품의 관세 인하'와 '기술 협력'이었다. 양측은 다른 가치를 교환하며 윈-윈 구조를 만든 셈이다.

미지막으로 주목힐 것은 "감징에 신경 써라"라는 원칙이다. 트럼프는 자신을 인정해주는 것을 극도로 좋아하는 성향이다. 따라서 그에게 무궁화대훈장 같은 상징적 선물을 수여하거나, 그가 스스로를 "세계 평화 전도사"라 부르는 점을 인용해 극찬을 아끼지 않는 것은 훌륭한 협상 전략이 된다. "대단하시다", "북핵 문제를 해결할 유일한 지도자"라는 표현도 반복적으로 사용하는 것이 좋다. 다이아몬드의 이론대로라면, 이러한 감정의 세심한 관리가 협상의 논리보다 훨씬 강력하게 작용했을 것이다.

결국 트럼프라는 인물을 상대할 때 필요한 것은 그가 미치광이가 아니라 철저한 전략가임을 인정하는 것이다. 그리고 그 전략의 이면에는 자신의 이익과 지지층의 결집이라는 명확한 목표가 있음을 간파해야 한다.

우리는 게임 이론의 단순한 논리를 넘어, 불확실성과 확률이 지배하는 양자역학적 세계관으로, 그리고 무엇보다 사람의 감정과 심리를 파고드는 행동경제학적 협상 기술로 무장해야 한다. 섬세한 심리 읽기와 정교한 감정 설계, 그리고 명확한 가치 교환 구조가 성공의 열쇠다. 앞으로의 협상에서도 이런 전략적 접근이 필요하다.

     제2부 세상의 비이성: 우리는 왜 서로를 미워하고 속는가

이미지가 선거 결과를 좌우한다

잘생긴 사람이 정치를 더 잘할까?

선거철이 되면 수많은 후보자를 만난다. 벽보 속에 웃고 있는 얼굴, TV 토론회에서 열변을 토하는 모습을 보며 누구에게 투표할지 고민한다. 우리는 스스로 후보자의 정책과 공약을 꼼꼼히 따지고, 그들의 지난 행적을 냉철하게 분석해 이성적인 투표를 한다고 믿고 싶어 한다. 하지만 행동경제학과 진화심리학 관점에서 보면 우리의 투표 행위는 생각보다 훨씬 더 본능적이고 감각적인 영역에 머물러 있을지도 모른다.

지난 총선에서 돌풍을 일으켰던 조국혁신당의 경우를 살

펴보자. 정치적 호불호를 떠나 행동경제학자로서 조국 대표의 인기를 설명할 때 그의 외모를 빼놓을 수 없다고 생각한다. 개인적 입장이지만, 조국은 우리 정치사의 인물 중 가장 매력적 외모를 지녔다. 큰 키에 완벽에 가까울 정도로 좌우 대칭인 얼굴은 대중에게 강력한 시각적 자극을 준다.

이것이 단순한 '얼빠(오직 뛰어난 외모에 열광하는 팬)'들의 이야기일까? 진화심리학으로 보면 그렇지 않다. 키도 크고 균형 잡히게 신체가 발달되었다는 것은 성장 과정에서 겪곤 하는 질병이나 영양 부족 등 다양한 난관을 극복할 수 있는 뛰어난 유전자를 지녔다는 뜻으로 해석할 수 있다. 그렇기 때문에 사람들은 본능적으로 키가 크고 얼굴의 좌우 대칭이 완벽한 사람을 리더로 뽑으려는 경향이 있다. 생존을 위해 우월한 유전자를 가진 리더를 따르려는 원시적 본능이 현대의 선거판에도 작동하고 있음을 시사한다.

안토니 리틀Anthony C. Little과 크레이그 로버츠Craig Roberts의 연구에 따르면 유권자들의 투표는 후보자의 외양에 따라 상당히 많이 좌우되는 듯하다. 연구진은 영국, 미국, 호주, 뉴질랜드 등에서 출마한 실제 후보자들의 얼굴 사진을 눈에 띄는 특징은 그대로 둔 채 일부 변형하는 형태로 광범위한 표본 구성원들에게 보여주고 누가 대통령이나 리더로 적합한지 선택하게 했다. 그 결과, 실제 선거에서 당선된 사람의 얼굴을 선택한 비율이 약 60%, 낙선자의 얼굴을 선택한 비율이 약 40% 정도 되었다. 더욱 놀라운 것은 상대적 선호도를 조사했을 때 실제 투표 결과와 거의 맞아떨어졌다는 점이다. 연구진은 특정 얼굴에 대한 선호를 토대로 2005년 영국 선거에서 노동당이 53%의 표를 얻으리라 예측했는데 실제로 노동당은 52%의 표를 획득했다.

과연 선거에서 정당의 정책만이 중요할까? 여러 투표에서 키 크고 매력적인 사람이 당선될 확률이 높다는 결과들을 보면 진화적으로 정책보다 외양이 더 중요할 수 있다는 생각을 갖게 만든다. 그런 면에서 조국 대표의 외양은 충분히 매력적인 요소로 작용했을 것이다. 우리는 이를 후광 효과로 설명할 수 있다. 어떤 사람의 외모나 인상에서 받은 긍정적 느낌이 그 사람의 지적 능력, 도덕성, 리더십 등 다른 부분까지 긍정적으로 평가하게 만드는 성급한 일반화의 오류다. '잘생겼으니 일도 잘하겠지', '인상이 좋으니 거짓말은 안 하겠지'라는 무의식적인 믿음이 우리의 투표 도장에 힘을 싣는 것이다.

공정과 능력 사이에서

외모가 주는 후광 효과만큼이나 선거판을 지배하는 강력한 기제는 바로 '프레임frame'이다. 지난 21대 대통령 선거를 복기해보자. 당시 선거는 윤석열, 이재명 후보의 양자 대결이었지만,

심리적으로는 '공정'과 '능력'이라는 프레임의 대결이었다.

당시 윤석열 후보는 '공정'이라는 프레임을 선점했다. 현 정부의 불공정에 실망한 국민들에게 법과 원칙을 바로 세우겠다는 이미지를 심어주었다. 반면 이재명 후보는 '능력'과 '실용'이라는 프레임을 내세웠다. 행정가로서의 경험과 추진력을 강조하며 '일 잘하는 대통령'의 이미지를 구축하려 했다.

대선 이후에도 프레임 전쟁은 끝나지 않고 계속 변주되었다. 윤석열 대통령의 지지율이 흔들릴 때, 여당은 한동훈 비상대책위원장을 내세워 '참신함'이라는 새로운 프레임을 짰다. 그러자 야권에서는 조국혁신당이 등장하며 판을 흔들었다. 흥미로운 점은 조국 대표가 등장함으로써 기존의 '이재명 vs 윤석열'이라는 대결 프레임이 '이재명 vs 윤석열', '조국 vs 한동훈'이라는 복합적 대결로 바뀌었다는 것이다.

특히 조국 대표의 등장은 기존의 정치 프레임을 확 바꾸어 놓았다. 대선에서는 공정이라는 프레임으로 윤석열 후보가 이겼지만 대통령이 된 후 공정이라는 가치가 무너지다 보니 다시 이재명 대표가 우위에 있었다. 그러다 한동훈 위원장이 등장하며 새로운 대결이 형성되던 차였다. 그런데 조국 대표가 나타나면서 이제 사람들은 누가 더 똑똑한지, 누가 더 진중한지, 누가 더 말을 잘하는지, 누가 더 침착한지 등 정치인으로서 비교해야 할 덕목들을 미시적으로 비교하게 되었다. 이

는 그가 가진 선명성, 그리고 앞서 언급한 외모와 지적 이미지
가 결합된 후광 효과가 만들어낸 결과이기도 하다.

내 편은 상황 탓, 네 편은 인성 탓

우리가 후보자를 평가할 때 빠지기 쉬운 또 하나의 함정은 기
본적 귀인 오류다. 이는 사람의 행동을 설명할 때 상황적인 요
인은 과소평가하고, 그 사람의 내재적 기질이나 성격 탓을 과
대평가하는 경향을 말한다. 쉽게 말해 "저 사람은 원래 저런
사람이야"라고 단정 짓는 것이다.

지난 대선 과정과 그 이후의 정치적 공방을 보면 이러한
오류가 적나라하게 드러난다. 내가 지지하는 후보가 말실수를
하거나 의혹에 휩싸이면 우리는 "상황이 어쩔 수 없었어", "참
모들이 잘못 보좌해서 그래", "언론이 악의적으로 편집한 거
야"라며 외부 상황으로 원인을 돌린다(상황 귀인). 반면, 반대
편 후보가 똑같은 실수를 하면 "원래 인성이 글러먹었어", "자
질이 부족해", "거짓말쟁이라서 그래"라며 그 사람의 내면적
결함으로 몰아붙인다(성향 귀인).

능력주의를 강조하는 정치 담론에서도 이러한 오류는 발
견된다. "능력 있는 사람이 성공하는 공정한 세상을 만들겠다"
라는 말은 언뜻 합리적으로 들린다. 하지만 마이클 샌델Michael
Sandel이 《공정하다는 착각》에서 지적했듯 능력주의에는 맹점

이 있다. 성공한 사람은 오로지 자신의 능력 덕분이라고 믿고, 실패한 사람은 노력이 부족하거나 능력이 없어서라고 치부해 버리는 것이다. 실제로는 부모의 배경, 시대적 운, 우연한 기회 등 외부적 요인이 큰 영향을 미쳤음에도 불구하고 말이다.

정치인들은 이러한 대중의 심리를 교묘하게 파고든다. 상대방의 실수는 그 사람의 치명적인 인격적 결함으로 포장하고, 자신의 과오는 어쩔 수 없는 상황 논리로 방어한다. 유권자인 우리가 정신을 바짝 차리지 않으면 그들이 쳐놓은 귀인 오류의 덫에 걸려 맹목적 비난이나 지지에 빠지게 된다.

거울 뉴런과 팬덤 정치

마지막으로 우리가 주목해야 할 것은 '거울 뉴런mirror neuron'과 공감의 문제다. 인간은 타인의 행동이나 감정을 볼 때, 마치 자신이 그 행동을 하거나 그 감정을 느끼는 것처럼 뇌세포가 반응한다. 이를 거울 뉴런이라고 한다.

지난 총선 정국에서 확인한 조국혁신당의 돌풍이나 특정 정치인에 대한 강력한 팬덤 현상은 이 거울 뉴런으로 설명할 수 있다. 조국 대표가 '현 정권이 너무 싫다', '심판해야 한다'라고 시원하게 말하고 다닐 때 현 정권에 지쳐있던 사람들의 거울 뉴런은 강하게 자극받는다. 누군가 내가 하고 싶은 말을 대신해주고, 내가 느끼는 분노를 똑같이 표출할 때 우리는 그

대상에게 강력한 일체감과 공감을 느낀다. 여기에 그의 수려한 외모와 목소리, 당당한 태도라는 시각적 정보가 더해지면 그 공감의 강도는 배가된다.

주요 정치인 지지자들 모두 마찬가지다. 그들은 자신이 지지하는 정치인의 말과 행동에서 자신의 욕망을 투영하고, 그와 감정적으로 동기화된다. 이것이 팬덤 정치의 본질이다.

결국 선거는 이성적인 정책 대결의 장이기도 하지만, 본질적으로는 이미지와 프레임, 그리고 감정이 충돌하는 심리전의 장이다. 우리는 키 크고 잘생긴 후보에게 본능적으로 끌리고(진화심리학), 그럴듯한 프레임에 갇혀 세상을 보며(프레이밍 효과framing effect), 내 편의 잘못에는 관대하고 네 편의 잘못에는 가혹히며(기본적 귀인 오류), 나와 감정적으로 동기화뇌는 사람에게 표를 던진다(거울 뉴런).

우리가 '합리적인 유권자'가 되기 위해서는 이러한 본능적인 편향들을 직시해야 한다. 후보자의 화려한 외모나 언변 뒤에 숨겨진 실체를 보려 노력하고, 상대방이 씌운 프레임 밖에서 사건을 바라보며, 내가 느끼는 공감이 혹시 맹목적인 추종은 아닌지 끊임없이 의심해야 한다. 선거는 이미지가 결정하지만, 그 결과로 닥쳐올 현실을 감당하는 것은 결국 우리 자신이기 때문이다.

숫자는 어떻게 거짓말을 하는가

세 가지 종류의 거짓말

우리는 숫자의 시대에 살고 있다. 숫자가 들어간 정보는 왠지 더 신뢰감 있게 느껴지고 진실에 가깝게 보이기 마련이다. 많은 사람들이 '데이터는 거짓말을 하지 않는다' 혹은 '숫자는 거짓말을 하지 않는다'고 한다. 그러나 영국 총리였던 벤저민 디즈레일리는 이런 말을 했다. "세상에는 세 가지 종류의 거짓말이 있다. 거짓말, 새빨간 거짓말, 통계." 과연 어느 쪽이 진실일까? 통계와 숫자는 객관적인 진실을 보여주는 수단이 아닌, 진실을 가리는 속임수나 거짓말에 불과한 것일까?

선거철이 되면 언론을 통해 매일같이 여론 조사 결과가 쏟아진다. 하루에도 수십 곳에서 의뢰한 여론 조사 결과가 발표된다. 이러한 여론 조사는 실제로 여론이 궁금해서 하는 경우가 대부분이겠지만, 때에 따라서 의도를 가지고 하는 경우가 있다. 일반인들이 가급적 눈치채지 못하도록 공정하지 않게 표본을 설정한다거나 아니면 잘못된 질문을 통해 사람들로 하여금 특정 답을 유도하는 방법을 써서 실제보다 왜곡된 결과를 보여주는 것이다.

우선 여론 조사를 볼 때 우리가 꼼꼼하게 들여다봐야 할 부분은 '표본의 크기'와 '표집 편향sampling bias'이다. 여론 조사 기관들은 통계적으로 표본이 충분하게 모집단을 반영하여 신뢰 수준이 높다고 주정하지만, 표본이 그년 클수록 정확하게 현실을 반영하는 것은 당연한 이치다. 예를 들어 유권자 수가 대략 4400만 명으로 추산되는 선거에서 1000명의 표본은 전체 유권자의 0.0023%이고, 2000명이라 할지라도 0.0045% 밖에 되지 않는다. 너무 적은 표본 수다.

게다가 표본 추출 과정에서 특정 성향을 가진 집단이 과대 포집되는 경우도 흔하다. 예를 들어 표본에서 진보 성향을 가진 사람들의 수가 100명이고, 보수 성향을 가진 사람들의 수는 120명으로 표집되었다면 여론 조사 결과는 당연히 보수가 유리하게 나올 수밖에 없다. 우리나라 사람들의 정치적 성향 비율을 고려하여 가중치를 더하는 방법을 택해야 하지만, 의도를 가진 여론 조사는 이러한 표집 편향을 교묘하게 이용하기도 한다.

더 중요한 것은 '신뢰 수준'과 '표본 오차'에 대한 해석이다. 만약 2000명을 표본으로 한 여론 조사에서 신뢰 수준 95%, 표본 오차 ±2.2%인 상황을 가정해보자. A당의 지지율 38.5%, B당의 지지율 39.0%라면 우리는 B당이 앞선다고 생각하기 쉽다. 그러나 통계적으로 해석하면 같은 조사를 100번 시행했을 때 95번은 A당의 지지율이 36.3%~40.7% 사이이고, B당의 지지율은 36.8%~41.2% 범위 내에서 나온다는 뜻이다. 즉, 이 범위 내에서는 A당이 앞설 수도 있고 B당이 앞설 수도 있다는, 사실상 우열을 가릴 수 없다는 의미다. 그러나 미디어는 이 미세한 차이를 두고 "B당, A당을 앞서"라는 자극적인 헤드라인을 뽑아낸다. 숫자는 거짓말을 하지 않지만, 숫자를 다루는 사람은 얼마든지 거짓말을 할 수 있다.

작은 변화에 속지 말라

여론 조사 결과가 발표되면 미디어는 여기에 '이야기'를 더한다. 엄격하게 증명된 인과 관계가 아닌 단순히 미디어 혹은 기자의 생각에서 나온 추론이 숫자를 만나 마치 사실 관계인 양 받아들여지게 만든다. 예를 들어 누군가의 지지율이 지난주

　제2부 세상의 비이성 : 우리는 왜 서로를 미워하고 속는가

보다 1% 떨어졌다고 하자. 언론은 "최근 그 후보자를 둘러싼 비리 의혹 때문에 지지율이 하락했다"라고 보도한다. 그러나 1% 정도의 지지율 변동은 사실 후보자에 대한 지지 철회라기보다는 여론 조사가 가진 근본적인 한계 때문에 늘상 있는 일이다.

요세프 바티Yosef Bhatti와 라스무스 투에 페데르센Rasmus Tue Pedersen이 덴마크 총선 전후의 여런 조사를 분석한 연구인 〈저널리즘과 통계 소음Journalism and Statistical Noise〉에 따르면 여론 조사에 관한 보도는 유권자들에게 큰 영향을 끼친다. 여론 조사상 벌어진 우연한 변화일 수 있는데도 저널리즘이 여기에 해석을 붙임으로써 여론이 달라졌다는 오해를 불러일으킨다는 것이다.

통계적 측면에서 이러한 우연한 변화를 '우연 변동random variation'이라고 한다. 이는 아무리 일정한 값을 가지고 변동성이 없어 보이는 결과라도 실측해보면 자연스럽게 관측할 수 있는 변동값을 말한다. 예를 들어 한 학생의 수학 점수 평균이 85점이라고 하자. 이 학생이 매번 85점을 받는 것은 아니다. 컨디션에 따라 83점을 받을 수도 있고 87점을 받을 수도 있다. 84점에서 86점 사이를 왔다 갔다 하다가 어느 날 83점을 맞았다고 해서 "이 학생의 실력이 떨어졌다"고 단정할 수 있을까? 아니다. 그 정도는 그냥 발생할 수 있는 현상이다.

정치 여론 조사도 마찬가지다. 대통령 지지율이 전주 대비 0.2% 포인트 떨어졌다고 해서 "민심이 돌아섰다", "특정 이슈가 악재로 작용했다"라고 대서특필하는 것은 통계적 관점에서 보면 우연 변동을 침소봉대하는 격이다. 무언가 원인과 결과를 들어야지만 속이 시원한 우리를 위해 미디어가 맥락과 이야기를 만들어줌으로써 유권자들을 잘못된 방향으로 '교육'시키고 있는 셈이다. 소폭의 상승과 하락에 연연하지 말고 장기적인 추세를 보면서 해석하는 지혜가 필요하다.

보이는 게 다가 아니다

여론 조사뿐만 아니라 우리 사회를 떠도는 수많은 통계 수치들도 꼼꼼히 뜯어봐야 한다. 숫자의 이면을 알려고 하지 않으면 우리는 통계의 함정에 빠지기 쉽다. 세계적인 경제학자 팀 하포드Tim Harford의 저서 《슈퍼 팩트》에 소개된 사례를 살펴보자. 2017년 미국에서 총기 사고로 사망한 사람의 숫자가 3만 9773명이라고 한다. 이 수치는 총기 난사 사고가 일어날 때마다 언론에 의해 지속적으로 보도된다. 물론 총기의 안전성에 대한 경각심을 불러일으킨다는 차원에서는 좋지만, '총기 사고'와 '총기 난사 사고'는 엄연히 다르다. 실제 총기 사고 사망자 중 60%는 타살이 아닌 '총기로 인한 자살'이라고 한다. 누구도 거짓말을 한 것은 아니다. 다만, 많은 사람들이 이 통계를 보고 '총기 난사 사고로 약 4만 명 가까이 죽는구나'라고 잘못 인식하게 될 뿐이다.

영국의 사례도 흥미롭다. 2016년에 영국에서는 살인 사건 발생률이 급증했다고 한다. 치안이 갑자기 불안해진 것일까? 그 내막을 들여다보면 1989년 발생했던 '힐스보로 참사'로 사망한 96명이 2016년에 공식적으로 경찰 과실에 의한 '불법 살인unlawful killing'으로 분류되면서 그해 통계에 포함되었기 때문이다. 이러한 맥락을 정확히 이해하지 않으면 영국 국민에게 2016년은 최악의 범죄 해로 인식될 수밖에 없다.

우리가 통계에 의해 도출된 숫자의 의미를 잘 파악하려면 그 숫자가 도출된 배경과 정의를 알아야 한다. 예를 들어 미국 어느 지역에서는 범죄율을 낮추기 위해 범죄 중 일부 약한 죄목을 의도적으로 강등시켜 범법 행위로 분류했다. 그 결과 전년 대비 범죄는 13% 감소했고, 경찰은 "범죄와의 전쟁에서 승리했다"고 발표했다. 하지만 실제로는 범죄가 줄어든 것이 아니라 분류 기준이 바뀌었을 뿐이다. 이러한 내막을 모르는 시민들은 "치안이 좋아졌으니 안심해도 되겠다"는 가짜 뉴스 같은 믿음을 갖게 된다.

인식과 실제의 괴리

마지막으로 우리가 숫자에 속는 또 하나의 이유는 가용성 휴리스틱 때문이다. 이는 내 기억 속에서 쉽게 떠오르는 정보에 의존해 판단하는 심리적 기제를 말한다. 리서치사 입소스가 조사한 내용에 따르면 전 세계 사람들은 가장 치명적인 사망 원인 1위로 암을 꼽았고(15%), 교통사고가 10%로 3위를 차지했다. 또한 테러나 폭력, 자살 등도 매우 높은 순위로 꼽았다. 그러나 실제 통계는 달랐다. 사망 원인 1위는 심혈관 질환(32%)이었고, 암은 24%였다. 반면 교통사고는 2%로 9위에 불과했고, 테러나 전쟁으로 인한 사망은 0.05%에 그쳤다.

왜 이런 괴리가 발생할까? 바로 '뉴스' 때문이다. 심혈관 질환으로 인한 사망은 뉴스에 잘 나오지 않지만, 테러나 비행기 사고, 살인 사건은 언론에서 대서특필하기 때문에 우리 기억에 강렬하게 남는다. 가용성 휴리스틱으로 인해 우리는 자극적인 사건이 실제보다 훨씬 빈번하게 일어난다고 착각하게 되고, "올해 테러 사망자 수 ○○명"처럼 이를 뒷받침하는 듯한 통계 수치가 제시되면 그 공포는 배가된다.

숫자는 매력적이다. 단순하고, 객관적인 느낌을 주며, 복잡한 세상을 명쾌하게 설명해주는 것 같다. 기업은 마케팅을 위해, 정치인은 표를 얻기 위해, 언론은 주목을 받기 위해 숫자를 이용한다. 이것이 바로 숫자를 이용한 '프레이밍 효과'이자 '닻내림 효과'다.

우리가 숫자에 휘둘리지 않으려면, 그 숫자의 허와 실을

정확히 파악하는 힘, 즉 '데이터 리터러시data literacy'를 길러야
한다. 헤드라인에 적힌 숫자에만 현혹되지 말고, 그 숫자가 어
떻게 도출되었는지, 비교 대상은 적절한지, 오차 범위는 얼마
인지 끊임없이 의심하고 질문해야 한다. 숫자는 거짓말을 하
지 않지만, 숫자를 보여주는 방식은 언제나 거짓말을 할 준비
가 되어 있다.

5장

혐오와 갈등은 어떻게 전염되는가

보고 싶은 것만 보는 사람들

믿고 싶은 것만 지지한다

다이어트를 하는 사람들은 샤워 전후나 운동 전후에 습관적으로 체중계에 올라가곤 한다. 만약 몸무게에 변화가 없거나 100g이라도 늘어난 수치를 확인하면 열에 아홉은 다시 체중계에 오른다. 왠지 자세를 삐딱하게 했거나 너무 힘을 주어서 수치가 잘못 나왔을 것이라고 생각하며 다시 재본다. 어쨌거나 결과는 똑같다. 그러면 최후의 방법으로 샤워를 하고 나와서 또다시 재본다. 기계의 오작동이나 나의 실수를 의심하며 현실을 부정하고 싶은 마음이 앞서기 때문이다. 그런데 만약 처음부터 원래 몸무게보다 2kg이 덜 나왔다고 하면 어떨까? 아마 바로 환호성을 지르며 저울에서 내려오고 틀림없이 인증 샷을 찍었을 것이다. 기계가 고장 났을 가능성은 1%도 생각하지 않은 채 말이다.

우리는 우리가 원하는 결과에 대해서는 무비판적으로 수용하고, 원치 않는 결과에 대해서는 비판적으로 검증하려 든다. 즉, 원하는 결과가 나올 때까지 신중을 기한다. 이러한 심리는 앞에서도 살펴보았던 확증 편향이다.

이러한 확증 편향이 사회적 갈등이나 정치적 신념과 결합하면 어떤 일이 벌어질까? 이와 관련해 스탠퍼드 대학교의 찰스 G. 로드Charles G. Lord, 리 로스Lee Ross, 마크 R. 레퍼Mark R. Lepper가 진행한 유명한 실험이 있다. 연구자들은 사형 제노에 대해 찬성하는 그룹과 반대하는 그룹의 학생들을 모았다. 그리고 그들에게 사형 제도의 효과를 분석한 서로 다른 두 개의 연구 내용을 읽도록 했다. 하나는 사형 제도가 살인죄를 억제하는 효과가 있다는 내용이었고, 다른 하나는 살인죄 억제 효과가 없다는 내용이었다. 양측 모두에게 서로 다른 주장을 검토할 수 있도록 균형 잡힌 자료를 제공한 셈이다.

합리적인 인간이라면 상반된 증거를 접했을 때 자신의 입장을 조금이라도 수정하거나, 적어도 '내 생각이 틀릴 수도 있겠구나'라고 고민해야 한다. 그러나 결과는 정반대였다. 실험에 참가한 전원이 자신의 기존 의견을 그대로 고수하였으며, 심지어 원래 가지고 있던 의견은 더욱 강화되었다. 사형 제도를 찬성하던 사람은 억제 효과가 있다는 연구에 대해 "데이터가 신뢰할 만하다"라고 평가한 반면, 효과가 없다는 연구는 "연구 방법이 잘못되었다", "통계에 오류가 있다"라며 혹평했다. 또한 반대하던 사람은 정반대의 반응을 보였다. 두 그룹이 동일한 객관적 증거에 노출됐지만, 서로의 입장 차이는 오히려 더 커지는 현상이 발생한 것이다.

알고리즘이 만든 감옥

이러한 확증 편향은 오늘날 디지털 환경과 만나 더욱 괴물 같은 힘을 발휘한다. 과거에는 나와 다른 의견을 가진 신문이나 뉴스를 접할 기회라도 있었지만, 지금은 스마트폰 속 세상이 나를 가두고 있기 때문이다. 여기서 등장하는 개념이 바로 '반향실 효과echo chamber effect'와 '필터 버블filter bubble'이다.

반향실 효과는 소리가 밖으로 나가지 않고 벽에 부딪혀 메아리처럼 울리는 방(반향실)에 갇힌 것처럼 비슷한 생각을 가진 사람들끼리만 소통하며 자신들의 목소리만 반복적으로 듣게 되는 현상을 말한다. 유튜브나 SNS에서 내가 선호하는 정치 성향의 영상이나 게시물을 보면 알고리즘은 그와 유사한 주장을 하는 영상과 게시물을 꼬리에 꼬리를 물고 추천한다. 나는 분명 여러 개의 영상을 봤다고 생각하지만, 실상은 내 의견의 메아리echo만 반복해서 들은 셈이다. 이 과정에서 다른 견해는 철저히 배제되고 자신이 가진 편향된 정보만 진실이라고 믿게 된다.

여기에 필터 버블이 더해진다. 이는 인터넷 정보 제공자가 이용자의 맞춤형 정보를 제공하기 위해 필터링한 정보만 이용자에게 도달하게 함으로써 이용자가 이미 필터링된 정보의 거품bubble 안에 갇히는 현상을 말한다. 구글이나 페이스북의 알고리즘은 내가 클릭했던 기록, 내가 머물렀던 시간을 분석해 내가 '보고 싶어 할 만한' 정보만 쏙쏙 골라 떠먹여준다. 결국 우리는 반대편의 주장을 아예 접할 기회조차 박탈당하고, 사신의 신념만을 '유일한 진리'라고 믿게 된다. IT의 발달이 인간의 확증 편향을 기술적으로 완벽하게 공고화하는 결과를 낳고, 이것이 결국 사회적 분열과 '신념의 극단화belief polarization'로 이어지는 것이다.

나는 도덕적이다

이러한 동기화된 추론이 국가 지도자나 권력자에게서 나타날 때 그 파장은 개인의 차원을 넘어 국가적 비극으로 이어진다. 최근 우리 사회를 충격에 빠뜨린 비상계엄 선포 사태를 되짚어보자.

윤석열 전 대통령이 극우 성향 유튜브에 심취해 있었다는 점은 많은 사람이 알고 있는 사실이다. 그리고 극우 유튜브의 비상식적이고 비이성적인 주장을 하는 사람들을 현실에서 옆에 두고 있기도 하다. 이미 그러한 주장을 믿기 시작하면 확증 편향에 빠지게 된다. 자기가 믿고 싶은 근거들만 수집하고 자기의 주장을 옹호한다 싶으면 그것이 거짓인지 아닌지 상관없이 받아들이면서 자신의 주장을 확고하게 한다.

이번 사태에서 계엄의 원인 중 하나로 부정 선거가 언급되었다. 보수 측에서도 공식적으로 받아들일 수 없는 부정 선거에 대한 주장은 극우 정치인 몇 명, 극우 유튜버 몇 명이 지속적으로 퍼뜨리는 괴담 수준으로 이미 검찰과 법원에서도 파기된 내용이다. 그런데 공식적으로 계엄의 원인 중 하나가 부정 선거라고 얘기하고 있으니 그 인식의 수준이 처참하기 짝이 없다.

여기서 작동하는 기제가 바로 동기화된 추론이다. 동기화된 추론은 추론의 과정과 결과가 동기적 요인에 영향을 받는다는 의미인데, 자신이 내린 결론에 관련한 모든 동기를 결과에 맞춰 해석하는 현상이라 말할 수 있다. 일반적으로 추론에 영향을 주는 동기는 자신의 입장을 정당화하려는 목표를 갖기 때문에 편향된 방식으로 작동하기 쉽다.

특히 주목해야 할 점은 동기화된 추론이 제공하는 '도덕적 면죄부'다. 많은 연구자에 따르면 동기화된 추론은 도덕적이지 못한 행동을 하거나 판단을 내린 이후에도 여전히 스스로를 '도덕적 주체'로 생각하게 하는 그럴듯한 근거를 제공한다. 이는 지금 벌어지는 상황과 딱 맞아떨어진다. 계엄이라는 결론을 내리고 실행을 한 뒤에도 여전히 자신이 도덕적 주체라고 생각하고 있을 것이고, 그러한 근거들이 야당의 전횡, 부정 선거 때문에 어쩔 수 없이 행한 정당한 행위였다고 굳게 믿고 있는 듯하다. 스스로를 악당이 아니라 나라를 구하려는 영웅으로 착각하게 만드는 것이 바로 동기화된 추론의 가장 무서운 점이다.

잘못된 믿음의 전염을 막으려면

이처럼 동기화된 추론은 비합리적이고 비도덕적인 결정을 내린 사람에게 '나는 정의롭다'라는 면죄부를 준다. 이것이 오늘날 정치적 분열 사태가 극대화되는 원인이다. 내 편의 잘못은 상황 탓이고 네 편의 잘못은 인성 탓이라는 '내로남불'(기본적 귀인 오류)과 결합하면 상대방은 타도의 대상이 되고 나의 불법적인 행위는 정의 구현을 위한 어쩔 수 없는 결단으로 포장된다.

또 한편으로는 계엄 선포로 국민이 겪어야 했던 절망감, 분노, 스트레스 등에 대해 우리는 반드시 짚고 넘어가야 한다.

예기치 못한 사건으로부터 오는 스트레스는 엄청나다. 댄 애리얼리Dan Ariely는 《댄 애리얼리 미스빌리프》에서 사람들은 스트레스가 누적되면 잘못된 믿음을 쉽게 가질 수 있다고 단호하게 경고한다. 스트레스 상황에서는 인지적 자원이 고갈되어 복잡한 사고를 담당하는 시스템 2(숙고 시스템)가 마비되고, 감정과 직관에 의존하는 시스템 1이 작동하기 때문이다. 이 틈을 파고드는 거짓 선동에 쉽게 당할 수 있다는 얘기이다.

우리는 계엄을 정당화하는 또 다른 선동에 당하지 않도록 정신을 바짝 차려야 한다. 이럴 때는 회의주의skepticism가 필요하다. 어떠한 사실이나 주장에 대해 과학적인 다른 증거를 바탕으로 비판적으로 바라보고 깊게 탐색하는 태도를 가져야 하는 것이다. 알고리즘이 추천해주는, 내가 보고 싶은 영상만 보지 말고 불편하더라도 반대편의 논리를 확인하고 검증하는 과정을 거쳐야 한다. 그렇게 반향실에서 걸어나와 필터 버블을 터뜨려야 한다. 내가 믿고 있는 것이 '사실'인지, 아니면 내가 '바라는 것'인지 끊임없이 자문할 때 비로소 우리는 확증 편향과 동기화된 추론의 늪에서 빠져나올 수 있다.

가짜 뉴스가 진실보다 빨리 퍼지는 이유

디지털이 부추긴 정보 전염병

코로나19 바이러스가 전 세계를 강타한 후 엔데믹 시대의 뉴 노멀이 자리를 잡은 지도 벌써 수년이 지났다. 그사이 경제, 산 업 분야에서도 큰 변화가 일어났으며 사람들의 삶의 양식에 도 그에 못지않은 변화의 바람이 불어왔다. 이러한 현상들을 관통하는 키워드 중 하나는 역시 디지털이다. 2016년 초, 다보 스 포럼에서 4차 산업 혁명이 제시된 이후 실험실, 연구실에서 는 그 변화를 느낄 수 있었으나 우리와 같은 일반인들은 다른 세상의 이야기로 들었다. 하지만 이 같은 디지털 트랜스포메

이션digital transformation이 코로나19 팬데믹으로 인해 단 1년 만에 피부에 와닿게 되었다. 디지털화에 있어서 코로나19 사태는 말콤 글래드웰Malcolm Gladwell이 말하는 '티핑 포인트tipping point'가 된 셈이다.

코로나19 팬데믹은 '인포데믹infodemic'에 있어서도 티핑 포인트가 되었다. 인포데믹이란 정보를 뜻하는 information과 전염병을 뜻하는 epidemic의 합성어로 잘못된 정보, 즉 가짜 뉴스가 전염병처럼 급속하게 확산되는 현상을 의미한다. 스마트폰과 SNS 등 언제 어디서나 실시간으로 나의 생각을 전하고 다른 사람의 생각을 보고 듣는 다양한 플랫폼이 개발됨에 따라 인포데믹이 폭발할 수 있는 외부 환경 요건이 완벽하게 갖추어졌다.

이러한 상황에서 팬데믹이라는 충격적인 소재가 등장하자 인포데믹 현상이 세계 곳곳에서 돌발적으로 나타났다. WHO는 '미신 파괴자Mythbusters'라는 팀을 만들고 잘못된 정보를 사실에 기반해 반박하며 대략 30개 정도의 미신을 꼽았다. 몇 가지를 살펴보면 미국, 영국 등의 국가에서는 5G 모바일 네트워크가 코로나19를 전파할 수 있다고 믿는 사람들이 많았다. 이에 따라 몇몇 지역에서는 5G 시설 반대 시위가 벌어지기도 했다. 이는 바이러스가 비말로 전파된다는 간단한 상식에 비추어 볼 때 실소를 금치 못할 일이다.

우리나라에서도 한 유튜브 채널에 목사와 한의사가 등장해 고춧대를 끓여 마시면 낫는다는 주장을 전파해서 온라인에서 고춧대를 끓여 먹는 방법이 퍼져나갔다. 가장 최악의 사건은 이란에서 일어난 일이다. 메탄올이나 표백제를 마시면 예방할 수 있다는 주장을 믿고 이를 실행에 옮긴 사람들이 생겨났고 그 결과 이란에서 약 6주간 728명이 메탄올을 마시고 사망했다.

멀리 갈 것도 없이 얼마 전 우리 사회를 떠들썩하게 했던 '라면 형제' 사건을 기억하는가? 실제로는 라면을 끓이다가 화재가 나지 않았음에도 불구하고, 그리고 수사 초기부터 경찰은 라면 때문이 아니라는 점을 전달했음에도 불구하고 짐작만으로 기사를 썼던 매체가 있었다. 이 보도를 다른 매체들이 여과 없이 받아쓴 결과 온 국민은 10살짜리 형이 라면을 끓이던 중 발생한 화재 사건으로 받아들였다. 이처럼 인포데믹은 사실 관계를 왜곡하고, 때로는 실제 전염병보다 더 무서운 사회적 비용을 초래하기도 한다.

거짓은 진실보다 빠르다

왜 이런 말도 안 되는 가짜 뉴스가 진실보다 더 빠르게 퍼지는 것일까? 이에 대해 개인적으로 본 연구 결과 중 가장 관심이 가는 내용은 2018년 MIT 미디어랩의 소루시 보수기Soroush

Vosoughi 교수 등이 발표한 〈온라인에서 진짜 뉴스와 가짜 뉴스의 확산The spread of true and false news online〉이라는 연구다. 연구진은 이 연구의 결과를 딱 한 문장으로 요약한다. "거짓말은 진실보다 빠르게 퍼져 나간다Lies spread faster than the truth."

연구진은 2006년부터 2017년까지 약 11년간 트위터에 배포된 모든 진실과 거짓 뉴스 기사 약 12만 6000개를 대상으로 확산 여부에 대해 조사했다. 그 결과 가짜 뉴스가 모든 정보 범주에서 진실보다 훨씬 더 멀리, 더 빨리, 더 깊이, 더 광범위하게 확산되었으며 그 영향은 테러, 자연재해, 과학, 금융 정보 등의 분야보다 정치 분야에서 더 두드러졌다.

이 연구에서 밝혀낸 흥미로운 사실은 거짓 뉴스가 진짜 뉴스보다 더 '참신'하기 때문에 사람들이 공유할 가능성이 더 높다는 것이다. 사람들은 새롭고 놀라운 정보를 공유함으로써 자신이 남들보다 더 많은 정보를 알고 있다는 우월감을 느끼거나 사회적 관심을 받고 싶어 한다. 또한 거짓 뉴스는 두려움, 혐오감, 놀라움을 불러일으키는 반면, 진짜 뉴스는 기대감, 슬픔, 기쁨, 신뢰를 불러일으키는 내용을 담고 있었다. 즉 가짜 뉴스는 공포감을 일으키거나 혐오감을 조장하는 등 자극적인 내용들을 주로 다룬다. 사람들은 이러한 내용에 쉽게 영향을 받고 다른 사람에게도 쉽게 퍼트린다고 할 수 있다.

　제2부 세상의 비이성: 우리는 왜 서로를 미워하고 속는가

우리는 어떻게 감염되는가

가짜 뉴스가 퍼지는 과정은 마치 폭포수가 쏟아지는 것과 같다. 페이스북은 인포데믹에 대한 연구를 실시하면서 거짓 정보가 퍼져나가는 현상을 '루머 폭포rumor cascades'라 명명했다. 실험 결과에 따르면 페이스북에서 누군가 거짓 이야기를 공유하면 폭포의 물줄기가 생겨나게 되고, 누군가 그 내용을 타인에게 공유하게 될 때마다 물줄기가 계속해서 늘어나게 된다. 이렇게 뻗어나가는 루머들을 막기 위해서 반박문을 게시했을 때, 반박의 효과가 평균적으로 10분 안에 나타나는 긍정적인 면도 있었다. 그러나 중요한 사실은 퍼져나가는 루머의 물줄기 중 약 15%만이 진실을 밝히려는 시도로 이어졌고, 나머지 85%는 반박 없이 계속해서 퍼져나갔다는 점이다.

이러한 확산의 기저에는 '감정 전염emotional contagion'이라는 심리적 기제가 작동한다. 감정 전염은 직접적 접촉이나 안면이 없는 사이에서도 감정의 동조가 발생하는 현상을 말한다. 2012년, 페이스북에서는 68만 9000명의 대규모 표본을 대상으로 온라인 통제 실험을 진행했다. 과연 사람들이 긍정적인 게시물과 부정적인 게시물에 노출되었을 때 반응이 서로 다른가를 검증하는 실험이었다. 실험 결과 긍정적인 게시물에 노출된 사용자들은 보다 긍정적인 게시글을, 부정적인 게시물에 노출된 사용자들은 보다 부정적인 글들을 작성한 것으로 나타났다. 결론적으로 사람들은 직접적 접촉이나 전혀 일면식도 없는 사이에서조차 감정이 동화될 수 있다.

가짜 뉴스가 공포와 혐오라는 강력한 감정을 싣고 루머 폭포를 타고 내려올 때 우리는 화면 너머의 존재들로부터 순식간에 감정을 전염받는다. 그리고 그 감정에 동조하여 '좋아요'를 누르거나 공유하기 버튼을 누르는 순간, 우리 또한 또 다른 전파자가 되는 것이다. 이것이 온라인 공간에서 혐오와 갈등이 들불처럼 번지는 이유다.

최초 감염자와 허브를 찾아라

그렇다면 우리는 이 인포데믹 현상을 어떻게 분석하고 대처해야 할까? 능력이 허용하는 범위 내에서 최대한 알기 쉽게 전달하기 위해 질병 관련한 팬데믹 현상을 분석하는 방법을 빌려오고자 한다. 최초의 질병 전파에 대한 수학 모형은 도입된 지 100년 이상 된 S-I-R 모형으로 여전히 유효한 모형 중 하나이다. 여기서 S는 감염 대상군susceptibles, I는 감염군infectives, R은 제거군removed(회복되어 면역력을 얻었거나 혹은 사망한 사람)을 의미한다. 질병 확산 시 각각에 해당하는 사람들을 조사하여 환자의 증가와 감소를 예측하는데 사용할 수 있다.

이 모형을 인포데믹에 대입해보자. 우선 인포데믹에서 가장 중요한 부분 역시 질병에서와 마찬가지로 사람이다. 잘못

　　제2부 세상의 비이성: 우리는 왜 서로를 미워하고 속는가

된 정보 혹은 가짜 뉴스의 생산자는 최초 감염자에 해당한다. 그리고 전염병이 번지는 데 매개체가 되는 것들이 있는데 질병에서는 모기 혹은 비말 등이 해당한다. 인포데믹에서는 유튜브, 페이스북, 카카오톡 등 온라인 커뮤니케이션 수단이 될 수 있다. 그리고 이러한 현상이 기하급수적으로 퍼져 나갈 것인지 혹은 수그러들 것인지는 중간 확산자 역할을 하는, 즉 '허브hub' 역할을 하는 사람에 따라 달라지며 마지막으로 단순히 수용하거나 전달만 하는 노드node가 있을 수 있다.

사회과학에서 흔히 사용하는 네트워크 분석은 개인과 집단들 간의 관계를 노드와 링크link로 모형화해 분석한다. 인포데믹에 대해 제대로 알기 위해서는 최초 정보 생산자(가짜 뉴스 제작자), 매개 수단(플랫폼), 이를 확산시키는 허브에 해당하는 사람(인플루언서), 그리고 이를 수용하는 사람 등을 주요 연구 대상으로 삼아야 한다. 특히 전염병 분석에서 '기초 감염 재생산 지수(R0)'가 중요한 지표로 쓰인다. 이는 한 사람의 보균자를 통해 감염되는 사람들의 평균적인 수를 의미하며 이 값이 1보다 작으면 질병은 금방 수그러들고, 1보다 크면 기하급수적으로 증가할 확률이 높다. 인포데믹에서도 한 사람으로부터 다른 사람에게 정보가 전파되는 재생산 지수를 파악하여 확산의 기세를 꺾을 수 있는 지점을 찾아내야 한다.

인포데믹은 앞으로 엄청난 사회적 갈등과 그에 따른 비용을 가져올 수 있다. 우리는 사회과학적으로 분석할 도구도 갖추고 있고, 데이터도 있다. 어쩌면 코로나19 팬데믹보다 훨씬 더 무서울 수도 있는 것이 인포데믹이다.

사회악인 인포데믹도 지피지기면 백전백승이다. 가짜 뉴스를 만드는 비용은 0에 수렴하는데 비해 그에 따른 보상은 점점 커지는 오늘날, 정부가 개입을 해서 걷잡을 수 없이 커지는 사회적 비용을 대폭 줄여야 하는 시점이 되었다.

집단은 왜 극단으로 치닫는가

끼리끼리 모이는 세상

우리는 누구나 자신과 비슷한 사람들과 어울리기를 원한다. 동서고금을 막론하고 통용되는 '유유상종'이라는 말은 학술적으로 '동종 선호homophily'라고 불린다. 인종, 종교, 나이, 직업, 교육 수준, 성별 등 다양한 차원에서 사람들은 자신과 유사한 조건을 가진 사람을 찾는다. 오프라인에서도 그렇지만 디지털 네트워크 세상이 되면서 이러한 현상은 더욱 강화되었다. 비슷한 사람들끼리 모이면 어떤 일이 벌어질까? 그들은 그들만의 세계, 즉 메아리만 울리는 반향실에서 살게 된다.

　　네트워크상에서 나와 나의 주변 사람들이 행하는 반복적인 논의를 통해 얻는 정보는 사실 내 의견의 메아리가 그 안에 속해 있게 된다. 우리는 같은 무리 속에서 네트워크상 의견을 나누면서 확신을 가지게 되는데, 이것은 결국 내 견해를 대화라는 과정을 한번 거쳐서 다시 나에게 확신시켜 주는 과정을 의미할 수도 있다. 따라서 반향실 안에서는 내가 나의 메아리를 걷어낸 온전한 의견을 청취하는 일은 사실상 매우 어려운 일이 되어버린다.

　　이러한 맹목적인 추종이 얼마나 위험한지를 보여주는 자연의 사례가 있다. 20세기 초에 윌리엄 비브William Beebe라는 학자가 발견한 개미들의 이상한 행동이다. 비브는 한 무리의 개미들이 둘레가 365m에 육박하는 원을 지어 계속해서 움직이고 있는 것을 발견했다. 개미들은 앞을 보지 못하기 때문에 앞장서는 개미가 흘린 화학 물질을 따라가는데, 앞 개미를 따라가는 개미의 숫자가 증가해 어느 임계점에 이르면 계속해서 원형을 크게 그리며 죽을 때까지 도는 이른바 '원형 선회circular mill' 현상이 나타난다. 여기서 개미의 운명은 대열을 이탈할 수 있느냐 없느냐에 달려 있다. 대열을 이탈하면 살 수 있지만, 그렇지 않으면 모두는 결국 자멸하게 된다. 반향실에 갇힌 인간 군상 또한 이 개미들과 다르지 않다.

정보의 착시 현상

반향실 효과와 더불어 네트워크상에서 군중 행동과 집단 극단화를 부추기는 또 하나의 중요한 기제가 있다. 바로 '이중 계산 효과double counting effect'이다. 이중 계산 효과란 실상 같은 정보임에도 불구하고 네트워크상에서 중복되어 나타나는 현상을 의미한다.

예를 들어보자. 내가 즐겨보는 유튜버 A가 어떤 정치적 이슈에 대해 의혹을 제기하며 '새로운 진실'이라는 영상을 업로드했다. 나는 이를 시청한 후 '맞아, 그럴 수도 있겠네'라고 생각한다. 그런 후 나는 다른 사람의 의견도 들어보기 위해 또 다른 유튜버 B와 C의 영상을 시청한다. 그런데 B와 C도 A와 매우 유사한 주장을 하고 있다. 이렇게 되면 나는 A, B, C 세 명의 유튜버에게서 들은 의견을 종합한 결과 해당 이슈에 대해 다수의 전문가가 대체로 유사한 의견을 갖고 있다고 생각하고 해당 의견에 더욱 확신을 가지게 된다.

그런데 여기서 치명적인 문제점이 발생한다. 만약 각 유튜버가 전달하는 정보가 각자의 독자적인 취재와 연구에 의한 의견이 아니라 A, B, C 이 셋이 서로 의견을 주고받으며 공유한 하나의 정보라면? 만약 셋 중 한 사람이 낸 의견을 공유한 후 각자가 서로 다른 유튜브 영상을 만들어 퍼트렸다면 실상은 단 하나의 정보가 네트워크상에서 중복되어 나타난 것에 불과하다. 이것이 바로 이중 계산이다.

　여러 의견인 듯하지만 실상 소수의 의견이자 정보인데 네트워크상에서 이중 계산되어 나타나는 문제다. 결국 우리는 몇몇 의도를 가진 유튜버의 정보와 추리가 반향실 효과, 이중 계산, 확증 편향 등을 거쳐 한 집단의 공통 의견으로 형성되는 과정을 목격하게 된다. 이 과정에서 정보의 진위는 중요하지 않게 되고, 오직 우리 편의 믿음만이 진실이 되어버린다.

알고리즘 감옥과 폭포 효과

이러한 현상을 기술적으로 완성시키는 것이 바로 '알고리즘'이다. 엘리 프레이저Eli Pariser는《생각 조종자들》에서 '필터 버블filter bubble'이라는 개념을 제시했다. 이는 사용자 정보에 기반하여 웹사이트 알고리즘이 선별적으로 어느 정보를 사용자가 보고 싶어 하는지를 추측하고, 그 결과 사용자들이 자신의 관점에 동의하지 않는 정보로부터 분리되어 자신만의 문화적, 이념적 거품에 갇히는 현상을 의미한다.

　유튜브나 SNS의 알고리즘은 우리가 클릭하고 머무는 시간을 분석해 끊임없이 유사한 콘텐츠를 추천한다. 내가 보수 성향의 영상을 몇 번 보면 알고리즘은 계속해서 보수 성향의 영상을 추천하고, 진보 성향의 영상을 보면 진보 성향의 영상만 추천한다. 이러한 환경 속에서는 '신념의 극단화'가 부지불식간에 일어나게 된다.

캐스 선스타인Cass R. Sunstein 교수는《우리는 왜 극단에 끌리는가》에서 개인이 집단에 들어가면 집단 내에서 자신의 입장을 수정하게 되는데 이 과정에서 집단의 입장은 결국 극단으로 흐르게 된다고 설명했다. 여기서 작동하는 기제가 바로 '폭포 효과cascade'이다. 사람들이 서로 영향을 끼쳐 자신의 개인적 견해를 무시하고 남들의 판단에 전적으로 따르는 현상을 말한다.

폭포 효과는 크게 두 가지로 나뉜다. 첫째, 남의 정보를 존중해 자신의 의견을 밝히지 않는 '정보의 폭포 효과informational cascade'이다. 둘째, 남들의 비난을 두려워해 자신의 의견을 밝히지 않는 '평판의 폭포 효과reputational cascade'이다. 온라인 커뮤니티나 단톡방에서 사람들은 다른 구성원들의 생각이 어떤지를 살피며 자신의 입장을 그들과 맞추려 하고, 그 결과 집단 전체가 점점 더 과격하고 극단적인 방향으로 이동하게 된다.

여기에 '공유 지식 효과common knowledge effect'가 더해지면 상황은 더욱 악화된다. 공유 지식 효과란 집단의 구성원이 모두 공유하는 정보가 소수만 공유하는 정보보다 집단의 의사 결정에 훨씬 더 큰 영향을 끼치는 현상을 의미한다. 쉽게 말해 모두가 알고 있는 뻔한 이야기만 계속 돌고 돌 뿐, 새로운 진실이나 반대 의견은 묵살된다는 뜻이다. 서로가 서로의 의견을 강화해 주며, 반대 의견은 차단된 채 오직 '우리만의 진리'를 향해 달려가는 것이다.

오프라인으로 번지는 분노

온라인에서 형성된 집단의 극단화는 온라인에만 머물지 않는다. 온라인 행동은 시간과 비용, 그리고 노출이라는 위험까지 안고 있는 오프라인 행동으로 연결될 수 있다. 여기서 중요한 개념은 '임계점critical point'이다.

예를 들어 어떤 집회가 열린다고 가정해 보자. 사람들은 저마다의 행동 임계점을 가지고 있다. A 그룹은 "나는 무조건 나간다"는 사람들이고, B 그룹은 "나는 5명 이상 모이면 나간다"는 사람들이며, C 그룹은 "나는 10명 이상이면 나간다"는 사람들이다. 처음에 A 그룹에서 서너 명이 나가자고 했을 때 A 그룹 중에서 2명만 더 합류하게 되면 B 그룹은 행동 임계점(5명)을 넘어섰기 때문에 집회에 나가게 된다. 그렇게 집회에 나가게 된 B 그룹 사람이 5명이라고 가정하자. 그러면 집회에 나가는 사람이 A와 B 그룹을 합쳐 10명이 넘게 되는데 그럴 경우 임계점이 10명인 C 그룹의 사람들이 대거 참여하게 된다.

각각의 임계점이 있고 그 임계점을 돌파할 경우 또 다른 사람들이 참여하게 되는 식으로 진행되어 결국 대규모 오프라인 행동이라는 결과가 나올 수 있다. 온라인에서의 반향실 효과와 이중 계산으로 강화된 확증 편향과 분노는 구성원들의 임계점을 낮추는 역할을 한다. "나만 화난 게 아니었어", "모두가 이렇게 생각하고 있어"라는 잘못된 확신이 사람들을 거리로 뛰쳐나오게 만드는 것이다.

우리가 겪고 있는 극단적 사회 갈등과 혐오의 이면에는 이처럼 교묘하게 작동하는 심리적, 기술적 기제들이 숨어 있다. 2019년 노벨경제학상 수상자인 아비지트 배너지Abhijit V. Banerjee는 정치적 극단화와 편견을 해소할 수 있는 방안으로 '접촉 가설contact hypothesis'을 주장했다. 전반적으로 사람들 간의 접촉이 편견을 줄일 수 있다는 것이다. 이는 끼리끼리 모이는 반향실에서 걸어 나와 '다른 것과의 물리적 섞임'을 통해 편견을 사회 전반적으로 낮출 수 있다는 것을 의미한다.

편견과 집단의 극단화는 어찌 보면 존중받지 못하고 가치를 인정받지 못한다고 느끼는 데 대한 방어적인 반응일 수 있다. 따라서 특정 집단을 경멸하는 것은 그들의 견해를 강화할 뿐이다. 우리가 반향실의 벽을 깨고 필터 버블을 터뜨리기 위해서는, 죽을 때까지 원을 그리며 도는 개미들처럼 되지 않기 위해서는 불편하더라도 나와 다른 의견을 가진 사람들과 접촉하고 소통하려는 의도적인 노력이 필요하다. 그것이 알고리즘이 지배하는 세상에서 우리의 이성을 지키는 유일한 길이다.

제3부

리더와
조직의 함정

: 똑똑한 리더가 왜
멍청한 결정을 할까

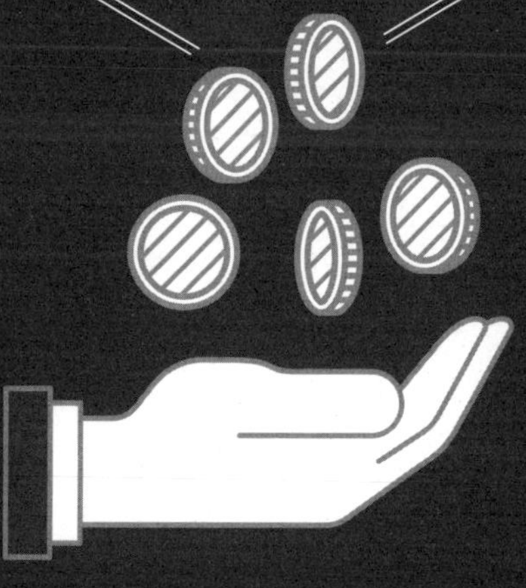

6장

성과를 갉아먹는
잘못된 인센티브

돈으로 동기 부여가 될까

CEO는 받은 만큼 일하고 있을까

미국의 CEO들은 다양한 형태와 구실로 천문학적인 연봉을 받으며 일을 한다. 미국 경제정책연구소Economic Policy Institute, EPI가 분석한 결과에 따르면 2019년 기준 미국 상위 350개 기업 CEO의 평균 보수는 2130만 달러(약 320억 원)로, 일반 직원들의 평균 보수인 6만 7000달러(약 1억 원)와 비교했을 때 무려 320배나 많았다고 한다.

우리나라는 미국에 비하면 상대적으로 양호한 편이지만, 국내 500대 기업 중 사업 보고서를 제출한 기업들을 전수 조사하니 등기 이사의 평균 연봉은 직원의 평균 연봉과 비교했을 때 10.7배 많은 것으로 나타났다.

그럼 여기서 의문이 생긴다. 과연 CEO가 하는 일은 그만한 연봉을 받을 만한 가치가 있을까? 그리고 그들은 정말 받은 만큼 충실히 일하고 있을까? 전통적인 경제학 관점, 특히 신고전학파 입장에서의 소득 분배 이론에 따르면 구성원 각자는 생산 과정에 기여한 만큼 연봉을 받는다고 한다. 한계 생산성에 입각한 소득 분배이다. 또한 주주 자본주의 관점에서는 경영자의 유일한 목표가 주가 극대화이며, 주가를 끌어올려 주주들에게 막대한 이득을 가져다주었다면 그중 일부를 경영자가 가져가는 것은 정당하다고 본다.

하지만 생산직 직원들의 생산성은 명확히 따질 수 있을지 몰라도 사무직이나 CEO의 생산성을 그렇게 정확히 계산할 수 있을까? 어떤 CEO가 재임 기간 동안 주식 가치를 기존 대비 10억 달러 높였다고 해서 CEO 혼자 일구어낸 성과라고 할 수 있을까? 이렇게 우리는 합리적인 질문을 던질 수밖에 없다. 그리고 여기서 더 나아가 행동경제학적 관점에서 아주 본질적인 질문을 던져보자.

"과연 돈을 많이 주면 그만큼 동기 부여가 되어 성과가 올라가는가?"

돈이 독이 될 때

인센티브가 업무 성과에 미치는 영향에 대해 알아보기 위해 우리에게 가장 잘 알려진 행동경제학자인 댄 애리얼리 교수의 실험을 살펴보자. 그는 《댄 애리얼리, 경제 심리학》에서 인도 대학원생들을 대상으로 진행한 흥미로운 실험을 소개한다.

연구진은 참가자들을 세 그룹으로 나누어 각각 다른 수준의 보너스를 제시했다. 첫 번째 그룹에게는 낮은 수준의 보너스(1일 임금에 해당), 두 번째 그룹에게는 중간 수준의 보너스(2주 치 임금에 해당), 세 번째 그룹에게는 높은 수준의 보너스(5개월 치 임금에 해당)를 걸었다. 낮은 수준의 보너스라도 그 금액은 현지 물가를 고려했을 때 참가자들의 동기를 극대화하기에 충분한 액수였다.

상식적으로 생각하면 5개월 치 임금이라는 거액의 보너스가 걸린 세 번째 그룹이 눈에 불을 켜고 달려들어 최고의 성과를 낼 것 같지만 결과는 우리 예상과는 달랐다. 낮은 보너스와 중간 보너스를 제시받은 그룹의 업무 성과가 높은 보너스를 제시받은 그룹들보다 훨씬 높게 나타났다. 거액의 보너스를 약속받은 그룹은 오히려 성과가 가장 저조했다.

애리얼리는 이 실험 결과를 토대로 높은 보너스는 지나친 압박감과 스트레스를 주어 오히려 업무 성과에 독이 될 수도 있다는 의견을 제시했다. 너무 잘하려고 긴장하다 보니 오히려 일을 그르치는, 스포츠에서 '초킹choking'이라 부르는 현상이 업무 현장에서도 나타난 것이다.

효율성은 돈을 따르지 않는다

애리얼리의 또 다른 실험은 과연 높은 연봉을 받는 사람들이 극도의 압박 상황에서 일을 더 잘하느냐에 관한 것이었다. CEO를 대상으로 직접 실험할 수는 없으므로 고액 연봉을 받는 NBA 선수들의 데이터를 분석했다. 경기 종료 5분 전, 5점 차 이내의 긴박한 상황을 '클러치 타임clutch time'이라고 하는데 이 순간에 고액 연봉 선수들이 얼마나 많은 득점을 하는지를 분석한 것이다.

결과는 어땠을까? 높은 연봉을 받는 선수늘이 확실히 많은 득점을 올렸다. 그러나 함정이 있다. 그들이 득점을 많이 한 것은 슛을 비교적 많이 쐈기 때문이지, 결코 '슛 성공률(효율성)'이 높아서였음은 아니었다. 득점 성공률만 놓고 보면 높은 연봉을 받는 선수나 낮은 연봉을 받는 선수나 평소 자신의 성공률에 회귀할 뿐이지 위기의 순간이라고 해서 갑자기 더 높은 성공률을 보여주지 않는다는 결론을 내릴 수 있었다. 단지 고액 연봉자라는 책임감 혹은 스타 플레이어에게 공을 몰아주는 팀 전술 때문에 더 많은 기회를 가졌을 뿐이다.

이 두 가지 실험을 통해 우리는 중요한 사실을 알 수 있다.

첫째, 높은 보너스는 과도한 스트레스로 인해 기대와 달리 오히려 업무 성과를 떨어뜨릴 수 있다는 점이다. 둘째, 높은 연봉을 받는 사람이 위기의 긴박한 순간에 갑자기 일을 더 잘하게 되는 초능력을 발휘할 수 없다는 사실이다.

돈이 강력한 유인책이 된다는 것은 의심의 여지가 없지만, 일정 수준을 넘어서면 오히려 성과 창출을 방해할 수도 있다. 돈은 어떤 상황에서도 성과를 보장하는 마법의 지팡이가 아니다.

돈보다 강력한 것

그렇다면 돈 말고 무엇으로 사람을 움직일 수 있을까? 급여 인상이나 인센티브는 처음에는 동기 부여를 일으키지만 인간의 적응 능력 때문에 얼마 지나지 않아 그 효과는 사라지고 당연한 권리로 여기게 된다. 이때 필요한 것이 바로 '감동'이다. 감사의 인사로 뜻밖의 선물을 하거나 공적인 인정을 하는 등 우리가 생각했던 것보다 훨씬 비용이 덜 드는 작업이 더 큰 효과를 발휘할 때가 있다.

2012년, 세바스찬 큐베Sebastian Kube 연구진이 발표한 〈상호성의 통화: 직장에서의 선물 교환The currency of reciprocity—gift-exchange in the workplace〉이라는 연구에서 흥미로운 실험을 하나 볼 수 있다. 연구진은 학생들을 세 그룹으로 나누어 아르바이트 업무를 부여했다. 첫 번째 그룹에게는 원래 약속대로 시간당 12유로만이 주어졌고, 두 번째 그룹에게는 업무 시작 전에 깜짝 감사의 표시로 현금 7유로가 추가로 주어졌다. 세 번째 그룹에게는 두 번째 그룹이 받은 현금 대신 7유로 상당의 보온병이 선물로 주어졌다.

결과는 놀라웠다. 현금 7유로를 더 받은 두 번째 그룹의 업무 생산성은 돈을 더 받지 않은 첫 번째 그룹과 별반 차이가 없었다. 그런데 7유로 상당의 보온병을 선물로 받은 세 번째 그룹은 다른 그룹보다 무려 30%나 뛰어난 성과를 보였다. 돈은 그저 노동의 대가인 '시장 교환 관계market norms'로 인식되는 한편, 선물은 '사회적 교환 관계social norms'를 형성해 심리적 교감을 만들어내기 때문이다. '이 조직이 나를 이만큼 생각하고 챙겨주는구나'라는 감동은 직원이 열심히 일하도록 만드는 데 돈 몇 푼보다 훨씬 더 강력한 힘을 발휘한다.

좋은 소식은 나누고 나쁜 소식은 합쳐라

그렇다면 CEO나 리더는 어떻게 보상을 설계해야 할까? 행동경제학 관점에서 본다면 몇 가지 원칙을 세울 수 있다. 우선, 행동경제학의 근간인 '전망 이론'과 '한계 효용 체감의 법칙law of diminishing marginal utility'을 기억하자. 전망 이론에 따르면 인간은 이익보다 손실에 두 배 더 민감하게 반응하며, 한계 효용 체감의 법칙에 따르면 이익이 커질수록 느끼는 기쁨의 증가폭은 줄어든다.

이를 급여와 인센티브에 적용하면 '좋은 소식은 나누어서 주고, 나쁜 소식은 한꺼번에 주는 것'이 현명하다. 연봉 인상은 한 번에 대폭 올려주는 것보다 총액이 같다면 인센티브나 상여금 형태로 여러 번 나누어 지급하는 것이 직원들의 행복감을 더 오래 지속시킬 수 있다. 기쁨을 여러 번 느끼게 해주는 것이다. 반대로 삭감이나 동결과 같은 나쁜 소식은 찔끔찔끔 전하기보다 한 번에 확실하게 전하는 것이 고통의 총량을 줄이는 방법이다.

또한 2001년 노벨경제학상 수상자인 조지 애컬로프George Akerlof가 주장한 것처럼 높은 급여가 높은 생산성을 이끌어내는 것은 단순한 보상 때문이 아니라 '상호성의 법칙'이 작용하기 때문일 수 있다. 회사가 나에게 후하게 대우해준다는 느낌, 즉 선물을 받았다는 느낌을 줄 때 직원들은 그에 보답하기 위해 더 열심히 일한다.

돈은 중요하다. 하지만 돈이 전부는 아니다. 애리얼리가 《마음이 움직이는 순간들》에서 주장했듯, 어느 지점까지는 돈이 동기가 되지만 그 이후에는 칭찬, 인정, 성취감 같은 내재적 동기가 사람을 춤추게 한다. 몇 해 전, 롯데자이언츠 단장이 신인 선수에게 나이키 '에어 조던' 한정판을 선물해 마음을 사로

잡았던 일화에서도 볼 수 있듯 때로는 수억 원의 계약금보다 진심이 담긴 작은 선물이 사람의 마음을, 그리고 조직의 성과를 움직이는 법이다.

먹튀 선수는 왜 생길까

스토브 리그의 공포

야구 시즌이 끝나고 겨울이 오면 팬들은 따뜻한 난로 주위에 둘러앉아 선수들의 이적과 연봉 협상에 대해 이야기꽃을 피운다. 우리는 이를 '스토브 리그stove league'라고 부른다. 스토브리그의 백미는 뭐니 뭐니 해도 FA 선수들의 움직임이다. 구단들은 팀 전력을 강화하기 위해 거액을 들여 선수를 영입하려 하고, 선수들은 자신의 가치를 인정받기 위해 협상 테이블에 앉는다.

그런데 이 뜨거운 시장에는 항상 불안감이 감돈다. 비싼

   제3부 리더와 조직의 함정 : 똑똑한 리더가 왜 멍청한 결정을 할까

돈을 주고 데려온 선수가 막상 시즌이 시작되면 기대 이하의 성적을 내거나 부상을 핑계로 경기에 나서지 않는, 소위 '먹튀'가 될지도 모른다는 공포다. 팬들은 "저 선수 샀다가 망하면 어떡하지?"라고 걱정하고, 구단 관계자들은 밤잠을 설친다.

경제학에서는 이러한 상황을 설명하는 아주 유명한 이론이 있다. 바로 '레몬 시장 이론lemon market theory'이다. 레몬은 겉보기에는 노랗고 예뻐서 먹음직스럽지만 막상 베어 물면 무지막지한 신맛 때문에 인상을 찌푸리게 된다. 따라서 겉만 번지르르하고 품질이 좋지 않은 재화를 일컬을 때 레몬에 비유한다. '비대칭 정보' 관련 연구로 노벨경제학상을 수상한 애컬로프가 처음 제시한 이 이론은 중고차 시장을 분석한 결과를 바탕으로 한다.

중고차 시장에서 차를 팔려는 사람은 그 차의 결함이나 사고 이력 등 가려진 속성을 정확히 알고 있다. 반면 차를 사려는 사람은 겉모습만 볼 뿐 차의 상태를 정확히 알 수 없다. 좋은 차를 사고 싶지만 정보가 부족한 구매자는 속을까 봐 두려워 결국 평균적인 가격을 제시하게 되고, 고품질의 차를 가진 판매자는 제값을 받지 못해 손해를 보지 않기 위해 시장을 떠나버린다. 결국 시장에는 레몬 같은 저품질의 차만 남게 되는 악순환이 반복된다.

경매의 함정

FA 시장의 불안정성을 키우는 또 하나의 요인은 바로 '승자의 저주winner's curse'다. FA 시장은 기본적으로 경매의 성격을 띤다. 여러 구단이 한 선수를 놓고 경쟁을 벌이다 보면 결국 가장 높은 금액을 써낸 구단이 그 선수를 차지하게 된다. 문제는 여기서 발생한다.

행동경제학자 리처드 탈러가《승자의 저주》에서 설명했듯 경매에서 승리한 자는 실제 가치보다 더 높은 가격을 지불했을 가능성이 높다. 경쟁에서 이기기 위해, 혹은 그 선수를 너무나 간절히 원한 나머지 '오버페이overpay'를 하게 되는 것이다. 승리의 기쁨은 잠시뿐, 막상 선수를 데려오고 나니 지불한 돈만큼의 활약을 보여주지 못할 때 구단은 승자의 저주에 빠지게 된다.

실제로 우리나라에서도 대규모 인수 합병 시장에서 승자의 저주는 빈번하게 발견할 수 있다. 경쟁자가 많을수록 그리고 대상의 실제 가치가 불확실할수록 입찰가는 치솟기 마련이다. FA 시장도 마찬가지다. 선수의 미래 가치는 불확실한데 경쟁 구단들의 영입 열기가 더해지면 가격은 합리적인 수준을 넘어선다. 이렇게 탄생한 고액 계약은 선수에게는 '먹튀'의 유혹을, 구단에게는 재정적 부담을 안겨주는 씨앗이 된다.

주인과 대리인의 딜레마

거래 당사자 중 한쪽은 정보를 많이 가지고 있고 다른 한쪽은 정보가 부족한 상황을 '정보 비대칭성information asymmetry'이라고 한다. 정보 비대칭성은 프로 스포츠 시장, 특히 외국인 선수 영입 과정에서 극명하게 나타난다. 구단은 외국인 선수의 화려한 경력과 하이라이트 영상만 볼 뿐 그 선수의 성격, 부상 이력, 사생활, 훈련 태도 등 감춰진 속성에 대해서는 속속들이 알기 어렵다. 선수는 자기 자신에 대해 명확히 알고 있지만, 구단은 그렇지 못하다.

이러한 정보 비대칭성 문제는 계약이 성사된 이후에도 계속된다. 여기서 등장하는 개념이 바로 '주인-대리인 문제principal-agent problem'와 '도덕적 해이moral hazard'다. 주인-대리인 문제는 주인이 대리인에게 권한을 위임했을 때 대리인은 주인의 이익이 아닌 자신의 이익을 위해 행동하는 현상을 말한다.

프로 구단(주인)은 승리라는 목표를 위해 선수(대리인)과 고액의 계약을 맺는다. 하지만 계약서에 도장을 찍는 순간 선수의 마음속에는 '이제 거액의 연봉도 보장받았으니 몸을 사리면서 적당히 뛰어도 되지 않을까?' 같은 딴생각이 들 수도 있다. 이것이 바로 도덕적 해이다.

경제학에서 말하는 도덕적 해이는 단순히 부도덕한 행동

을 의미하는 것을 넘어 감추어진 행동이 문제가 되는 상황에서 정보를 가진 측이 정보를 갖지 못한 측의 이익에 반하는 행동을 하는 것을 뜻한다. 도덕적 해이에 관한 연구로 유명한 케네스 애로Kenneth Arrow조차도 이러한 오해를 피하기 위해 '숨겨진 행동hidden action'이라는 표현을 사용하자고 제안하기도 했다.

FA로 소위 대박을 터뜨린 선수가 있다고 가정해보자. 그 선수가 자신의 몸을 다 바쳐가며 몸값을 해내기 위해 뛸지, 아니면 조금만 아파도 못 뛰겠다고 핑계를 대며 벤치에 앉아 있을지는 본인만 정확히 알 수 있다. 구단은 선수가 훈련을 얼마나 성실히 하는지, 사생활 관리는 잘하고 있는지 24시간 감시할 수 없다. 노동자는 고용주보다 자신이 얼마나 일을 열심히 하는지 잘 알고 있는 것처럼 선수 역시 구단보다 자신의 몸 상태와 노력 여부를 더 잘 알고 있다. 이러한 정보의 비대칭성 틈새에서 먹튀가 탄생한다.

에이징 커브의 냉혹한 진실

먹튀 논란에서 빼놓을 수 없는 또 하나의 과학적 근거는 '에이징 커브aging curve'다. 야구 선수를 과학적이고 계량적으로 평가하는 세이버메트릭스sabermetrics의 대부 빌 제임스Bill James는 야구 선수의 기량이 만 27세에 정점을 찍고 이후 서서히 하락

한다는 것을 통계적으로 밝혀냈다.

그런데 우리나라 프로야구 FA 제도를 살펴보면 고등학교 졸업 후 프로에 데뷔해 FA 자격을 얻기까지는 보통 9년, 대졸 선수의 경우는 보통 8년이 걸린다. 1군 등록 일수를 채워야 하므로 실제로 FA 자격을 얻는 나이는 빨라도 30대 초반, 평균적으로 만 32~33세가 된다. 통계적으로 이미 기량이 하락세에 접어든 시점에 생애 최고의 계약을 맺게 되는 셈이다.

미국 메이저리그의 알버트 푸홀스Alberto Pujols 사례는 대표적인 악성 계약이자 도덕적 해이, 그리고 에이징 커브를 무시한 결과로 꼽힌다. 2012년, LA 에인절스는 푸홀스와 10년이라는 초장기 계약을 맺었다. 하지만 이미 계약 시점에 그의 기량은 하락세였고, 계약 후반부가 되면 40세가 넘는 고령이 뇌었다. 구단 입장에서는 과거의 화려한 기록(후광 효과)에 취해 미래의 하락세를 간과한 것이다. 물론 푸홀스가 의도적으로 태업을 했다고 단정할 수는 없지만, 정보 비대칭과 에이징 커브를 무시한 대가는 혹독했다.

완벽한 계약은 없다

그렇다면 구단은 어떻게 해야 이 먹튀의 위험을 피할 수 있을까? 2016년 노벨경제학상 수상자 올리버 하트Oliver Hart와 벵트 홀름스트룀Bengt Holmström은 '계약 이론contract theory'을 통해 이에 대한 해답을 제시한다. 이들의 연구 주제는 '성과급을 어떻게 배분할 것인가'와 '불완전 계약'으로 요약할 수 있다.

연구의 핵심은 완전한 계약은 허구라는 점이다. 모든 우발적 상황을 예측해 계약서에 담는 것은 불가능하다. 예를 들어 FA 계약을 맺으면서 '이 선수는 성적 외에도 클럽 하우스 리더로서 팀 분위기를 이끌어 줄 것이다'라고 기대하더라도 '리더십'이나 '분위기 메이커' 같은 무형의 가치는 계약서에 명시적으로 수치화해 강제하기 어렵다. '불완전 계약 이론 incomplete contract theory'에 따르면 이런 부분은 암묵적으로 정해질 수밖에 없으며 계약에 의해 옵션으로라도 넣을 수 없다.

결국 도덕적 해이를 방지하고 대리인(선수)이 주인(구단)의 이익을 위해 최선을 다하게 만들려면 정교한 인센티브 설계가 필요하다. 단순히 보장 금액만 높여주는 것이 아니라 출장 경기 수, 타율, 방어율 등 구체적인 성과 지표와 연동된 옵션 계약을 체결해 선수가 끝까지 최선을 다할 유인을 만들어야 한다.

또한 구단은 정보의 격차를 줄이기 위해 끊임없이 '스크리닝screening'을 해야 한다. 선수가 보내는 신호signaling만 믿지 말고, 데이터를 기반으로 선수의 숨겨진 리스크를 찾아내야 한다. 기업이 경력직 사원을 뽑을 때 이력서만 보지 않고 평판 조회를 하고 심층 면접을 하는 것처럼 구단도 선수의 과거 부상 이력, 워크 에식work ethic(직업 윤리), 사생활 등을 다각도로 검증해야 한다.

지금도 스토브 리그에서는 수많은 계약이 오간다. 에이전트와 선수는 정보의 비대칭성을 활용해 자신의 가치를 높이려 하고, 구단은 그 신호가 진짜인지 가짜인지 판별하려 애쓴다. 안타깝게도 현실은 에이전트와 선수의 도덕적 해이가 만연하고 구단은 최소한의 경제적, 이론적 지식조차 없이 감이나 여론에 휩쓸려 '승자의 저주'에 빠지는 경우가 많다. 냉정하게 말해서 아직 우리 스포츠 시장은 세련된 비즈니스 세계가 아니다. 구단이 '호구'가 되지 않으려면, 그리고 팬들이 응원하는 팀의 재정이 낭비되지 않으려면 정보 비대칭을 줄이고 정교한 인센티브를 설계하는 계약의 기술이 절실하다.

7장

인재를 알아보는 눈은 존재하는가

성공적인 면접의 배신

사람 잘못 뽑았다는 후회가 반복되는 이유

내가 운영하는 컨설팅 회사에 아주 좋은 평가를 받으며 채용된 두 명의 직원이 있었다. 흔히 말하는 MZ 세대의 부정적 특성을 지닌 것도 아니었다. 오히려 성격은 매우 진중하고 책임감 있어 보였다. 그런데 이 두 직원은 놀랍게도 입사 일주일 만에 퇴사를 했다. 이유를 들어보니 지금 시작한 일에 대해 앞으로 잘할 자신이 없으며, 오히려 당분간 회사에 피해만 줄 것 같아 그만둔다는 것이었다. 사실 거기에 대해 별로 반박할 말을 떠올릴 수도 없었고 이왕이면 그 직원도 빨리 다른 길을 찾아

보는 게 옳을 것 같아서 앞길을 빌어주며 보내주었다.

돌이켜보면 면접을 보면서 우리가 판단했던 면접자에 대한 예측과 판단은 대부분 틀렸던 것 같다. 물론 판단이 틀렸다고 얘기할 수 있는 것은 채용된 사람에 한해서이겠지만, 분명한 건 우리가 채용한 사람의 인성과 실력 모두를 정확하게 맞춘 적이 없다고 해도 과언이 아니다. 그리고 면접에서 뽑은 사람이 우리가 기대했던 바와 차이가 있다고 매번 느끼면서도 그다음 면접을 진행할 때는 확신에 차서 "드디어 우리가 찾던 사람을 뽑게 되었네요"라고 외치기도 했다.

우리는 면접 대상자에 대해 아는 것은 자기 소개서나 이력서에 쓰여진 몇 줄에 불과한데 그 몇 줄과 내가 직접 대면한 30분 내외의 시간으로 면접자를 온전히 다 파악힐 수는 없다. 면접을 볼 때 정보를 많이 가지고 있는 쪽은 자기 자신에 대해서 잘 알고 있는 구직자이다. 역량과 성격, 일할 때의 자세, 가치관 등은 그 자신만이 잘 알고 있지 과연 그보다 누가 더 잘 알고 있을까? 반면 구인을 하는 회사에서는 면접자에 대해서 잘 모르고 있기 때문에 사전 정보를 조금이라도 더 얻기 위해 학력, 경력, 자격증 등을 요구한다. 회사에서 면접관으로 한 번이라도 참여해 본 사람은 잘 알고 있다. 조직 생활을 잘하는 사람, 하나를 가르치면 빨리 터득해 제 것으로 만들고 둘, 셋까지 욕심내는 사람을 서류만으로 알아볼 수 없다는 사실을 말이다. 이렇게 구인-구직 시장에서는 조직과 개인 간 '정보의 비대칭성'이 늘 작용한다.

　　이런 빈약한 정보에 기반할 경우 실제와는 다른 예측과 판단을 하게 되고 이에 대한 자신감을 계속 가지게 된다. 이를 '비회귀 예측non-regressive prediction'이라고 한다. 사람들의 직관적인 예측은 전형적으로 비회귀성의 특성을 가지기 때문에 면접관은 제한된 정보만으로도 "이 사람은 확실하다"라는 극단적인 예측을 하는 실수를 범하게 된다. 그렇다면 구체적으로 면접 현장에서 우리의 눈을 가리는 편향들은 무엇일까?

첫인상과 끝인상 그리고 후광 효과

비회귀 예측의 기본 전제 조건은 정보가 거의 없다는 것이다. 정보가 거의 없을 때 어떤 일이 일어날까? 심리학에서는 이때 나타나는 현상을 가리키는 몇 가지 편향이 있다. 그중 대표적인 것이 '초두 효과primacy effect'이다. 초두 효과란 초기에 제시된 항목에 의해 사람의 생각이 크게 영향을 받는 현상을 일컫는 말로, 흔히 첫인상이 얼마나 중요한지 얘기할 때 자주 사용되는 효과이기도 하다.

　　이 용어의 기원을 살펴보자. 19세기 후반, 독일의 심리학자인 헤르만 에빙하우스Hermann Ebbinghaus는 '서열 위치 효과serial-position effect'라는 용어를 만들었다. 이는 기억하고자 하는 여러 목록이 있을 경우 그 목록이 어느 위치에 있는지에 따라 사람들의 기억이 달라진다는 개념이다. 보다 구체적으로 말하자면 이렇다. 사람들이 임의의 항목을 순서대로 기억해보라고 요청받을 때 대부분 나중의 것을 상대적으로 잘 기억하는 경향이 있는데 이를 '최신 효과recency effect'라고 한다. 나머지 항목 중 중간에 위치한 것보다 오히려 초기 항목을 더 잘 기억한다고 하는데 이를 일컫는 말이 앞에서 언급한 초두 효과이다.

이 이론을 면접장으로 가져와보자. 상황을 자세하게 그려보면 면접 대상자가 처음 들어왔을 때의 인상, 태도, 음성 그리고 일부 내용 등에 의해 면접관은 그 사람이 어떠한 사람인지를 바로 결정해버리는 오류를 범한다. 사실은 이에 못지않게 나갈 때 주는 인상과 태도, 말 한마디에도 영향을 빝을 수밖에 없다. 정보가 부족하다 보니 첫인상에 의해(초두 효과) 그리고 문을 닫고 나가는 마지막 모습에 의해(최신 효과) 면접 대상자가 어떤 사람인지 판단하고 만다.

여기에 더해 일부분에서 받은 인상으로 다른 부분 혹은 전체를 판단하는 부적절한 일반화인 '후광 효과'까지 작용되면 판단은 더욱 흐려진다. 예를 들어 면접 대상자가 한 질문에 대답을 잘하지 못했다고 해서 전반적인 업무 능력이 낮을 것이라고 평가하거나, 반대로 외모가 단정하고 목소리가 좋다는 이유만으로 성실하고 능력이 뛰어날 것이라고 짐작하는 것이

다. 이러한 후광 효과는 진짜 실력을 보지 못하게 눈을 가려버
린다.

나와 닮은 사람을 뽑는다

그럼 이제 두 번째 질문이 남는다. 과연 무엇에 의해 그 사람이
적합한지 아닌지, 혹은 좋은 사람인지 아닌지, 더 나아가 그 사
람을 합격시킬지 아닐지를 단칼에 결정하느냐이다. 개인적인
견해를 전제로 '동종 선호' 현상이 면접 과정에서 가장 흔하게
일어나지 않나 싶다.

　면접에 있어서도 동종 선호 현상에 따라 자신과 인상이
비슷한 사람, 그게 아니더라도 자신 커리어 패스와의 유사성,
같은 성씨인 혈연, 초등학교부터 대학교 중에서의 연결 고리
를 찾는 학연, 출생지나 고향 같은 지연 등 다양한 특징을 중심
으로 상대방에 대해 재단할 수 있다. 면접관은 무의식적으로
'같은 학교를 나왔군', '나도 그 취미를 즐기는데', '뭔가 스타
일이 잘 통하네' 등의 생각을 하며 높은 점수를 주게 된다. 이
는 일을 잘할 수 있는가와 하등 관계가 없는 요소들이다.

　반대로 아주 사소한 단점 하나 때문에 탈락시킬 수도 있
다. 이는 '부정성 편향negativity bias' 때문이다. 예일대학교 심리
학과 안우경 교수의 연구에 따르면 사람들은 좋은 일보다는
나쁜 일에 더 큰 영향을 받는다. 안 교수 연구진이 입학사정관

들을 대상으로 흥미로운 실험을 실시했다. 실험에 참여한 입학사정관들에게 가상의 성적표를 제시하고 평가하도록 했다. 과목별 성적이 B+에서 B-로 편차가 작은 학생과 A+부터 C-까지 섞여 편차가 큰 학생을 평가했을 때 약 76%의 입학사정관은 편차가 작은 쪽을 택했다. 편차가 큰 학생에 대해서는 일관성이 없고 예측이 불가능하다며 선발하기를 꺼렸다.

채용 면접에서도 마찬가지다. 열 가지 장점이 있어도 단 하나 그다지 중요하지 않은 단점이 보이면 면접관은 부정성 편향에 사로잡혀 그 지원자를 배제할 가능성이 높다.

면접관의 착각

면접 과정에서 우리가 경계해야 할 또 하나의 함정은 '해바라기 편향sunflower bias'이다. 이는 직원들이 갑의 위치에 있는 상급자의 의사 결정을 무비판적으로 받아들이고 그대로 따라 하는 현상을 의미한다. 면접 후 평가 회의에서 팀장이나 임원 등 상급자가 특정 지원자에 대해 "그 친구 괜찮던데요"라고 말하는 순간 다른 면접관들은 자신의 의견을 접고 동조하게 된다. 조직의 위계질서 속에서 상사의 눈치를 보느라, 혹은 갈등을 피하고 싶어서 비판적 사고를 멈추는 것이다.

요약하자면 면접 과정에서 우리는 초두 효과와 최신 효과, 후광 효과, 동종 선호, 부정성 편향 그리고 해바라기 편향 등 수

많은 인지적 함정에 빠질 수 있다. 이러한 부분을 개선하기 위해 독일의 한 조직에서는 면접관끼리 상의하는 절차를 없애고 각자가 생각하는 바를 적은 후 가장 지위가 낮은 사람부터 의견을 개진하는 방식으로 바꾸었다고 한다. 그 결과 이전보다 훨씬 더 다양한 스펙과 성격을 지닌 사람들이 채용되었다.

면접 대상자를 정확하게 파악하고 그가 조직의 일원이 되기에 적합한지 판단하는 데 실패하는 것은 구직자의 잘못이라기보다 적은 정보에 기반해 비회귀 예측을 한 면접관의 잘못이다. 여러 인지적 편향에 휩싸여 있는 면접관이나 의사 결정자의 의견이야말로 좋은 사람을 걸러내지 못하는 장막이 되기 때문에 이를 경계하고 시스템적으로 보완하려는 노력을 멈추지 않아야 한다.

화려한 스펙의 함정

채용 시장은 왜 레몬 시장이 되는가

얼마 전, 회사에 첫 출근한 직원이 있었다. 내가 면접에 참석하지 않았지만, 사람을 잘 보는 것으로 모두가 인정하는 팀장이 면접을 진행했다. 그는 자신의 팀에서 일할 팀원을 찾고 있었는데 너무 우수한 사람을 뽑았다며 그 직원의 요구 조건을 웬만하면 수용하자고 했다. 검증되지 않았는데도 무리하면서까지 채용하는 것이 내키지 않았지만, 이력서에 쓰여진 경력이 우리와 딱 맞다는 생각에 한 번만 예외를 두기로 했다.

결과는 어땠을까? 예상하는 바와 같다. 정확히 첫 출근한

날 클라이언트를 만나 업무를 진행하다가 오후 4시경 전화로 더 이상 다니지 못하겠다는 말만 남기고 퇴사했다. 하루 임금은 정확히 달라는 요구까지 남기고 말이다.

우리는 나이에 비해 많은 일을 해 보았다는 것을 믿었고, 거기에 대해 경력 증명서를 요구한 것 외에는 어떠한 의심도 한 적이 없다. 아마도 이력서와 면접 내용은 과장되었거나 거짓이었을 가능성이 높았다. 왜 이런 일이 생길까? 고용에 관한 일반적인 경제학 이론들이 있지만, 정보의 비대칭성으로 설명하는 고용 관계를 주목할 필요가 있다.

일반적으로 한 사람이 다른 사람보다 무슨 일이 벌어지는지 더 많이 알고 있을 때의 정보의 차이를 정보 비대칭성이라고 한다. 노동자는 고용주보다 자기가 얼마나 일을 열심히 하는지 알고 있고, 중고차 판매상은 고객보다 차의 성능에 대해 더 잘 안다. 전자는 '감춰진 행동'에 관한 경우고, 후자는 '감춰진 속성'에 관한 경우이다. 이러한 정보 비대칭성 때문에 정보가 많은 쪽과 정보가 부족한 쪽은 다르게 행동할 수밖에 없다.

구매자가 품질을 정확히 알지 못한 상태에서 품질이 나쁜 재화나 서비스가 거래되는 시장을 레몬 시장이라고 한다. 노벨경제학상 수상자인 조지 애컬로프는 중고차 매매 시장을 예로 들어 이를 설명했다. 만약 시장에 품질이 나쁜 차와 좋은 차가 반반씩 있다고 가정한다면 구매자 입장에서는 어떤 차

  제3부 리더와 조직의 함정: 똑똑한 리더가 왜 멍청한 결정을 할까

가 좋은 차인지 모르기 때문에 평균 가격에 차를 구매하려 한
다. 결국 제값을 받지 못한 고품질 차를 파는 판매상은 시장
을 떠나고 시장에는 저품질 차만 남는다. 이를 '역선택adverse
selection'이라고 한다.

채용 시장도 마찬가지다. 능력 있는 인재들은 자신의 가
치를 제대로 인정받지 못한다고 느껴 시장을 떠나고, 화려하
게 포장된 지원자만 남게 된다.

진짜를 증명하라

이러한 정보 비대칭 상황에서 구직자는 어떻게 해야 할까? 정
보를 많이 가진 구직자는 자신만 아는 정보를 바탕으로 가치
를 증명해야 한다. 이를 경제학에서는 '신호 보내기signaling'라
고 한다. 구직자는 자신의 가치가 높다고 고용주에게 신호를
보내기 위해 이력서에 학업 성취와 업무 경험을 적는다. 채용
시 학위, 경력, 자격증 등은 가장 강력한 시그널이 된다.

반대로 정보가 부족한 채용자 입장에서는 이 신호가 진짜
인지 가짜인지 판별하기 위해 여러 방법으로 스크리닝을 한
다. 예를 들어 중고차 매매 시장에서 정보가 부족한 구매자는
구입을 고려 중인 차의 점검을 요구하게 되는데 이것도 스크
리닝의 일종이다. 우리 연구소의 사례처럼 경력 증명서 제출
요구, 심층 면접, 수습 기간 등은 모두 스크리닝이다. 물론 우

리는 시기가 늦었다. 정확히 하자면 경력증명서를 입사 전에
요구했어야 하는데 입사 첫날 제출하라고 했으니 말이다.

우리는 왜 조금씩 속이는가

문제는 신호 보내기 과정에서 '거짓 신호'가 섞일 때 발생한다.
이력서를 작성했던 바로 그 지점에서부터 문제가 시작되었을
가능성이 크다. 자신의 경험을 실제보다 조금 더 과장해 써 내
려가기 시작했던 시점 말이다.

댄 애리얼리와 니나 마자르Nina Mazar가 하버드 경영대학
원생들을 대상으로 진행한 유명한 '매트릭스 실험'은 사람들
이 어떤 상황에서 거짓말을 하는지, 그리고 왜 멈추지 않는지
를 잘 보여준다.

연구진은 학생들에게 20개의 수학 문제를 풀게 하고 정답
하나당 50센트를 주겠다고 했다. 첫 번째 그룹은 답안지를 제
출하고 채점을 받아 돈을 받았다. 평균 3.3개를 맞췄다. 그런
데 두 번째 그룹에게는 자신이 푼 답안지를 직접 파쇄기에 갈
아버리고, 감독관에게는 "저 ○개 맞췄어요"라고 말만 하고 돈
을 받아가게 했다. 거짓말을 해도 들킬 위험이 전혀 없는 상황
을 만들어준 것이다. 결과는 어땠을까? 이 그룹의 평균 정답
개수는 3.6개로 늘어났다. 사람들은 들킬 위험이 없어지자 조
금씩 거짓말을 했다. 흥미로운 점은 20개를 다 맞췄다고 뻥튀

   제3부 리더와 조직의 함정: 똑똑한 리더가 왜 멍청한 결정을 할까

기해서 돈을 싹쓸이해간 사람은 거의 없었다는 것이다. 그들은 왜 20개를 다 맞췄다고 하지 않고 고작 3.6개라고 했을까?

애리얼리는 이를 '퍼지 팩터fudge factor'(적당히 속이는 정도)라고 설명한다. 사람들은 경제적 이익을 원하지만 동시에 나는 정직한 사람이라는 자아상도 지키고 싶어 한다. 그래서 자신이 양심의 가책을 느끼지 않을 정도, 즉 '이 정도는 실수였어' 혹은 '이 정도 과장은 누구나 해'라고 합리화할 수 있는 수준까지만 거짓말을 한다는 것이다. 이력서에 경력을 부풀릴 때도 마찬가지다. 아예 없는 경력을 창조하기보다는 팀 프로젝트에 잠시 참여했던 일을 자신이 주도한 것처럼 살짝 부풀리는 식이다.

거짓말의 진화

하지만 이 사소한 거짓말은 시간이 지나면서 진화한다. 애리얼리는 이 과정에서 '자기 신호화self-signaling'라는 개념이 작동한다고 설명한다. 자기 신호화란 일반적으로 타인은 자신이 누구인지 그렇게 잘 알지 못하기 때문에 어떤 행동을 했을 때 그로부터 자신을 새롭게 과대포장하고 스스로 믿게 되는 현상을 일컫는다.

처음에는 이력서에 진실에서 크게 벗어나지 않는 범위 내에서 과장을 시작했다가 실제로 그 일을 경험했고, 자기 자신이 그 일을 확신에 차서 해낼 수 있는 것처럼 자기 신호화가 시작되곤 한다. 자신이 쓴 소설 같은 이력서를 진실이라고 믿어버리는 것이다. 그러면 일정한 시간이 흐른 뒤 기회가 주어질 때마다 점점 더 확신에 차서 자신의 경험을 과장하게 된다. 이때부터의 행동은 애리얼리의 표현에 따르면 '어차피 이렇게 된 거what-the-hell'라는 태도로 진화하게 된다. '한 번 과장했는데 안 들켰네? 그리고 진짜로 그 능력이 있는 것도 같아. 어차피 이렇게 된 거 좀 더 부풀려 볼까?' 하는 식이다.

자신의 가치를 높이기 위해 처음에는 머뭇거리면서 써내려간 몇 줄의 내용이 자기 신호화 과정을 거치고, 시간이 지나 몇 번의 면접까지 통과하면서 '어차피 이렇게 된 거'라는 단계로 진화해 거대한 거짓말이 완성되는 것이다. 아마도 우리 회사에 왔던 그 직원도 그렇게 해서 우리 앞에 나타나게 되지 않았을까.

애리얼리는 단 한 차례의 부정행위도 사소하게 넘겨서는 안 된다고 강조한다. 최초의 부정행위가 어떤 사람이 자기 자신의 현재와 미래 행동을 바라보는 방식을 결정하는 데 매우 중요한 역할을 하기 때문이다. 앞서 말한 자기 신호화와 '어차피 이렇게 된 거' 현상이 일어나면 일은 걷잡을 수 없이 커지게 되므로 처음부터 막아야 한다.

결국 채용 과정은 화려한 스펙이라는 신호 속에 숨겨진

'레몬'을 걸러내기 위한 끊임없는 스크리닝의 과정이다. 구직자는 자신의 가치를 증명하기 위해 신호를 보내고, 회사는 신호의 진위를 가리기 위해 노력한다.

다만, 지금과 같은 사회에서 걱정스러운 부분이 있다. 최근에는 지원자가 회사를 평가하는 사이트에 평점과 후기를 공유하는 사이트가 많아졌는데, 여기에 부정적인 글이 올라가게 되면 면접을 희망했던 사람들조차 마음을 돌리는 경우가 생기기 때문이다. 회사는 스크리닝뿐만 아니라 지원자의 기분을 고려해 스크리닝을 해야 하는지도 고려해야 하는 세상이다.

8장

리더의
착각과 오만

성공한 CEO의 치명적인 착각

성공이 독이 될 때

예나 지금이나 서점 진열대에서 많은 공간을 차지하고 있는 책은 기업이나 개인의 성공 스토리이다. 실제 많은 성공 사례를 정리한 책도 있지만, 최근에는 회사나 CEO가 자사의 홍보를 목적으로 발간한 책도 있다. 우리는 흔히 성공한 기업의 전략을 배우고 위대한 CEO의 리더십을 본받으면 나도, 우리 회사도 성공할 수 있을 것이라 믿는다.

가장 대표적인 사례로 짐 콜린스Jim Collins의 책들을 들 수 있다. 그는 《좋은 기업을 넘어 위대한 기업으로》 등의 저서에

서 여러 기업을 분석하고 그 결과에서 공통점을 뽑아내는 귀
납적 방법으로 결론을 냈다. 다른 사례로는 작가 한 명이 붙어
서 유명한 CEO나 기업을 전기 형식으로 장점만을 발췌해 서
술하는 방식도 있다. 애플Apple과 스티브 잡스Steve Jobs, 아마존
Amazon과 제프 베이조스Jeffrey Bezos 관련 책이 그 예이다.

그런데 이러한 연구는 한계가 명확하다. 사실 기업이나
CEO가 성공한 요소들을 뽑아내려면 다른 요소보다 성공 요
소가 통계적으로 분명하게 영향을 끼쳤다는 점이 증명되어야
하는데 그런 경우는 찾기 힘들다. 성공 요소와 성공 간의 인과
관계가 과학적으로 명확하게 검증되었어야 하지만 그런 과정
들이 생략되어 있는 경우가 대부분이다.

경영학에서는 회사나 CEO의 성공의 이유를 전략을 잘
수립했다거나, 마케팅을 잘했다거나, 직원과 조직을 기가 막
히게 잘 관리했다는 데서 찾는 것을 많이 볼 수 있다. 마케팅
책에서는 성공의 근거를 마케팅에서 조명하고, 기업 전략 책
에서는 주어진 환경에 잘 적응하고 내부 역량을 키워낼 수 있
도록 만든 전략 측면에서 접근한다. 때에 따라 어떤 연구에서
는 CEO의 리더십에 초점을 맞추기도 한다. 리더십의 근원도
어떤 책에서는 추진력을, 다른 책에서는 포용력을, 또 다른 책
에서는 여러 능력을 종합한 결과를 제시하기도 해 인간이 가
지고 있는 것 중에서 무엇이 CEO 역할에 더 도움이 되는지 천

차만별의 결론이 등장한다.

그렇다면 과연 무엇이 중요하고 어떻게 해야 성공할까? 행동경제학적 관점에서는 '이렇게 하면 성공한다'가 아니라 '어떻게 실패를 줄일 수 있을까'를 고민해야 한다고 접근한다. 우리의 판단을 흐리는 편향에 대해 고민하고 실패를 줄일 방법을 찾아나가야 한다. 흥미롭게도 기업 연구의 대가인 콜린 스조차도 《위대한 기업은 다 어디로 갔을까》에서 위대한 기업의 몰락은 다섯 단계를 거치기 마련이라고 말한다. 그중 첫 번째 단계로 성공이 가져다준 부작용인 '교만' 혹은 '과도한 자신감'이라고 꼽고 있다.

근거 없는 자신감

CEO도 사람이다. 기업을 운영하는 경영자는 다른 사람에 비해 본인이 하고 있는 업에 잘 맞는 특별한 감각이나 능력을 지녔을 수 있다. 하지만 인간이기에 누구나 겪는 편향에서 절대적으로 자유롭거나 완전히 해방되어 있지 않다. 따라서 다른 인간과 마찬가지로 여러 편향 속에서 행동하게 되는데 CEO가 가장 많이 겪는 편향 중 하나는 아무래도 자신에 대한 과도한 자신감을 일컫는 '자기 과신 편향overconfidence bias'이라고 생각한다.

특히 자수성가해 회사를 일군 경영자라고 하면 자연스럽

게 그려지는 전형적인 패턴이 있다. 성장 시기에 굉장히 어려운 환경에서 자라 작은 성공을 거둔 후 잘나가는가 싶었는데 추락하고, 극단적인 생각도 했다가 마음을 고쳐먹고 벌떡 일어나 다시 밤낮없이 일해 결국 큰돈을 벌고 어엿한 회사의 경영자가 되는 그런 스토리 말이다. 대개 부풀려지기 마련인 이러한 과정을 거치다가 보면 자기 과신은 가장 흔히 겪게 되는 편향이다.

경영을 하다 보면 경영자가 잘해서 이룬 성과도 있지만, 운이 좋아 이뤄진 결과도 있게 마련인데 이 또한 자신의 능력 때문이었다고 착각하는 경우가 많다. 창업할 때도 마찬가지이다. 회사에서 안정된 루트를 지나며 높은 자리까지 올라간 사람은 창업에 대해서도 자신만만해하곤 한다. 전혀 다른 업을 하는 것에 대해 자신감을 가져서는 안 됨에도 불구하고 이전의 작은 성공만으로 다른 일까지 잘할 수 있다는 과도한 자신감을 가질 수도 있다.

행동경제학자 리처드 탈러는 "판단에 관한 심리학 연구에서 가장 확실한 발견은 사람들이 지나친 자신감에 차 있다는 점이다"라고 얘기했다. 또한 "과신이야말로 투자자들의 가장 큰 실수이다"라고 하는 등 자기 과신에 대해 무척이나 강조했다. 실제로 사람들은 자신의 능력을 평균 이상으로 평가하는 경향이 있다. 미국인 중 자신이 상위 20% 안에 드는 운전 실력을 갖고 있다고 생각하는 사람은 60%가 넘었고, MBA 재학생 중 자신이 상위 50%에 속한다고 자신하는 사람은 무려 95%에 달했다. 또한 대학 교수들을 대상으로 실시한 실험에서는 자신의 연구 능력이 평균 이상이라고 답한 비율이 94%였다. 아마도 자신이 사회에서 말하는 여러 '성공' 기준에 근접할수록 자기 과신이 심해지지 않을까 싶다.

이러한 자기 과신은 크게 세 가지 특성을 가진다. 첫째, 자신이 실제로는 훨씬 더 높은 성과를 올릴 수 있다고 믿는 '과대평가overestimation'이다. 둘째, 자신이 남보다 상대적으로 잘한다고 생각하는 '과대 상향 인식overplacement'이다. 셋째, 자신의 판단이 옳거나 정확하다고 믿는 '정확성 과신excessive precision'이다. 성공한 리더일수록 '내 판단은 틀리지 않아', '내가 다른 사람보다 훨씬 뛰어나' 같은 생각에 갇히기 쉬운데 이는 조직을 위험에 빠뜨리는 독단적인 결정으로 이어질 수 있다.

내가 통제할 수 있다는 착각

자기 과신 편향은 그 자체로 다른 종류의 편향과 직결된다. 첫 번째로 '통제감 환상'을 들 수 있다. 통제감 환상 또한 심리학에서 자주 얘기하는 인간의 심리 중 하나로 자신이 통제할 수 없이 우연히 일어나는 일이나 환경의 변화마저도 통제할 수 있다고 믿는 심리 현상을 일컫는다.

우리는 때때로 운이나 우연 같은 현상도 통제할 수 있다고 생각한다. 그러다 보니 부정적 결과에 대한 가능성은 매우 낮게 보아서 근거 없이 그리고 계획도 없이 행복한 미래, 장밋빛 미래를 꿈꾼다. 주변에서 쉽게 볼 수 있는 사례로는 주사위 굴리는 것이 있다. 낮은 숫자를 원하면 살살 굴리고, 높은 숫자를 원하면 세게 굴리기도 한다. 이런 모습은 어린 아이들이 게임을 할 때 많이 나타난다. 그런 아이들이 어른이 되어서도 비슷한 마음을 가지고 있다.

회사를 경영하는 CEO에게 으레 일어나는 다음과 같은 상황이 있다. 부하 직원이 예상되는 위험에 대해 넌지시 의견을 건네면 CEO는 "그 이슈는 이런 방법으로 해결할 수 있습니다"라고 단정을 짓고는 한다. 그러면 부하 직원은 CEO의 의견에 동의해서가 아니라 더는 의견을 내기 싫어서 말하지 않게 된다. 이 상황이 성공적으로 마무리된다면 좋겠지만, 실패로 끝날 경우도 있다. 만약 CEO가 생각한 대로 결론이 날 경우 운이 좋았다고 생각하기보다는 자신의 통제감 환상에 더욱 깊이 빠지게 되고 만다. 리스크를 과소 평가하거나 혹은 리스크를 자신이 통제할 수 있다고 믿는 것이다.

낙관주의의 덫

자기 과신이 불러오는 또 하나의 치명적 실수는 바로 대니얼

카너먼과 아모스 트버스키가 명명한 '계획 오류planning fallacy'
이다. 계획 오류란 앞으로 일어날 일에 대해 비현실적으로 낙
관적인 계획을 세우는 현상을 말한다. 사람들은 특정한 과업
을 완료하는 데 필요한 시간을 과소평가하는 경향이 있다. 특
히 그 예측이 합리적이지 못하다는 정보를 알고 나서도 그런
태도를 보인다고 한다.

대니얼 카너먼은《생각에 관한 생각》에서 전 세계적으로
철도 건설 비용은 계획 수립 시의 추정치보다 45% 늘어났으
며, 이용객 수는 106%나 부풀려 추정했다고 소개한다. 또 다
른 계획 오류에 대한 대표적인 사례는 인터넷에서 검색만 하
면 바로 찾을 수 있는 시드니 오페라 하우스가 있다. 시드니 오
페라 하우스는 1957년 착공 당시 1963년 완공 예정이었으나
실제로는 10년이 더 걸린 1973년에야 완공되었다. 비용은 더
충격적이다. 최초에 총 건설비 700만 호주 달러(현재 가치로
약 1440억 원)로 예상했으나 실제 건설비는 1억 200만 호주 달
러(현재 가치로 약 1조 2600억 원)가 들었다. 약 15배 가까운 돈
이 든 것이다.

회사 역시 다를 바 없다. 신규 사업을 시작할 때 경영자들
은 "우리 회사는 다르다", "이번 프로젝트는 1년 안에 손익분
기점을 넘길 것이다"라고 호언장담한다. 하지만 실제 현실은
다르다. 예상한 것보다 비용은 훨씬 많이 들고, 기간은 지연되

며, 성과는 기대에 미치지 못하는 경우가 허다하다.

카너먼과 트버스키는 이러한 계획 오류의 원인을 '내부자의 시각inside view'에서 찾았다. 내부 관점은 어떤 문제를 생각할 때 특정 측면에만 초점을 맞추고 쉽게 손에 넣을 수 있는 증거와 인식을 이용하는 관점을 의미한다. 특히 자수성가한 경영자가 설립한 회사라면 그의 한마디로 많은 것이 좌지우지될 텐데 내부자의 시각으로부터 절대 자유로울 수 없다고 단언한다. 왜냐하면 의사 결정에 다수의 내부자가 참여하는 것이 아니기 때문이다. CEO의 의사 결정이 바로 회사의 의사 결정이 되므로 바로 경영자의 시각 자체가 바로 내부자 시각이 된다.

정리하자면, 경영자의 과도한 자신감 편향은 통제의 환상과 비현실적이고 낙관적인 계획 수립 오류까지 낳게 된다. 물론 과도한 자신감이 적절한 낙관주의와 연결이 될 때 무서운 힘을 발휘할 수도 있다. 다만 이런 경우는 실세로노 통제 가능한 것들에 대한 자신감일 경우에만 해당하지, 통제 불가능한 것들에 대한 과도한 자신감까지 해당하지는 않는다.

성공한 리더가 실패하지 않기 위해서 그리고 조직을 망가뜨리지 않기 위해서는 이러한 오류들로부터 자유로워져야 한다. 그러기 위해서는 쉽지 않겠지만 자신의 직관과 경험만을 믿는 내부자의 시각에서 벗어나 객관적인 데이터와 다른 사례들을 참고하는 '외부자의 시각outside view'과 관점을 계속 수용하려는 노력을 보여야 한다. 성공 경험의 기억이 클수록 그 기억이 당신의 눈을 가리는 가장 큰 적이 될 수 있음을 반드시 명심해야 한다.

무식하면 용감하다

레몬 주스를 바르고 은행을 턴 강도

지금부터 약 25년 전, 내가 컨설팅을 시작하던 때 만들었던 결과물에 대해 당시는 왜 그렇게 자신이 있었는지, 그리고 1년 후에 똑같은 결과물을 봤을 때 얼마나 부끄러웠는지 아직도 생각난다. 남들보다 이른 시점에 직장 생활을 그만두고 사업을 시작했을 때, 근거 없는 자신감에 차서 승승장구할 거라 생각했다. 사회생활을 처음 시작하는 사람들이 그렇게 자신감을 가지고 덤볐다가 나이가 들어서는 조금이라도 더 신중하게 생각하면서 쉽게 덤비지 않는 모습은 개인의 성향 문제가 아닌 우리 모두가 겪는 인지적 오류이다.

우리는 흔히 "무식하면 용감하다"라고 얘기한다. 이 말을 실험으로 증명한 결과가 바로 '더닝-크루거 효과Dunning-Kruger effect'이다. 이 효과의 탄생 배경에는 아주 황당하고도 흥미로운 사건이 하나 있다. 1995년 미국 피츠버그에서 맥아더 휠러McArthur Wheeler라는 한 은행 강도가 마스크도 쓰지 않은 맨얼굴로 대낮에 은행을 털다가 체포되었다. 경찰이 CCTV 화면을 보여주자 그는 너무나 놀라며 이렇게 말했다고 한다. "하지만 전 얼굴에 레몬 주스를 발랐는데요?"

그는 레몬 주스가 투명 잉크로 사용된다는 사실에 착안해 얼굴에 레몬 주스를 바르면 CCTV에 자신의 얼굴이 찍히지 않거나 투명하게 보일 것이라고 철석같이 믿었던 것이다. 코넬 대학교 심리학자인 데이비드 더닝David Dunning은 이 보도를 보고 '어떻게 사람이 저렇게 멍청할 수 있을까?'라는 의문을 품고 제자인 저스틴 크루거Justin Kruger와 함께 관련 연구를 결심했다고 한다.

알면 겁쟁이가 되고 모르면 용감해지는 이유

더닝과 크루거는 학부생들을 상대로 실험을 진행했다. 논리적 사고력, 문법, 유머 감각 등을 테스트한 후 자신의 성적이 어느 정도일지 예상해보라고 했다. 그 결과 흥미로운 패턴이 발견

되었다. 성적이 낮은 학생일수록 자신의 성적이 높을 거라고 기대했다. 반대로 성적이 높은 학생은 자신의 성적이 낮을 거라고 예상했다. 능력이 없는 사람은 자신의 능력을 과대평가하고, 다른 사람의 진정한 능력을 알아보지 못하며, 훈련을 통해 능력이 향상된 후에야 비로소 이전의 능력 부족을 알아보고 인정한다는 점을 밝혀낸 것이다.

성인들을 대상으로 한 유사한 실험에서는 총기에 대해 잘 모르는 사람은 총기 사용에 대한 확신과 자신감이 있었고, 오히려 총을 잘 아는 전문가는 총에 대해 엄청난 두려움을 가지고 있다는 결론을 얻었다. 더닝과 크루거는 이후에도 수년간 유사한 주제로 계속 실험을 진행했다. 그 결과 내린 결론은 숙련된 전문가는 높은 기준을 가지고 자신을 평가하기 때문에 열등감에 빠지지만, 초보자는 평가 기준 자체가 없거나 낮아서 오히려 자신을 높게 평가한다는 것이다.

더닝-크루거 효과를 한마디로 정리하자면, ‘무식하면 용감하고, 알면 겁쟁이가 되는 현상’이라고 할 수 있다. 이를 그래프로 나타내면 U자형 커브를 그리게 된다. 가로 축은 경험(지식)을, 세로 축은 자신감을 나타내는데 경험이 많을수록 자신감이 낮아지다가 경험이 최고조에 이르렀을 때 다시 자신감이 회복하는 형태이다. 그럼에도 불구하고 최고의 경험에서 나오는 자신감의 높이는 아무것도 모르는 초보자일 때 가졌던 근거 없는 자신감의 높이보다 낮다. 범 무서운 줄 모르는 하룻 강아지처럼 자신감만 똘똘 뭉쳐있는 상태, 그것이 바로 U자형 커브의 시작 부분인 '무지의 봉우리'다.

내가 남들보다 낫다는 착각

더닝-크루거 효과는 우리 주변에서 흔히 볼 수 있는 '평균 이상 효과better-than-average effect'와도 깊은 관련이 있다. 사람들에게 자신의 능력에 대해 스스로 평가해보라고 하면 '대충 평균은 되지 않을까?' 혹은 '내가 평균보다는 낫지'라고 생각하는 경향을 보인다.

실제 한 연구에 따르면 운전자의 3/4 이상은 자신이 평균 이상의 운전 실력을 가졌다고 생각하고, 미국인의 70%가 자신의 리더십이 평균 이상이라고 생각한다. 또한 자신의 대인 관계가 평균 이상으로 원만하다는 사람은 85%에 달하며, 심지어 상위 1%에 속할 정도로 대인 관계를 잘한다고 답한 사람은 25%에 달했다. 통계적으로 평균이라 함은 '중간'을 의미하므로 무조건 반은 평균 이하일 수밖에 없다. 그런데도 대다수는 자신이 평균 이상이라고 착각하는 것이다.

이러한 현상을 풍자하여 비꼬는 말로 '워비곤 호수 효과 lake Wobegon effect'라는 용어가 있다. 미국 라디오 드라마에 등장했던 가상의 마을 '워비곤 호수'는 "모든 여자는 강인하고,

모든 남자는 잘생겼으며, 모든 아이는 평균 이상인 곳"이라는 설명이 붙는다. 우리는 워비곤 호수처럼 현실에는 존재할 수 없는, 모두가 평균 이상인 세상에 살고 있다고 믿는 것이다. 이러한 착각은 자신의 부족함을 인지하지 못하게 하고, 결국 무지한 상태에서 용감한 결정을 내리게 만든다.

스마트폰이 낳은 똑똑한 바보들

오늘날 우리는 과거보다 더 심각한 착각 속에 살고 있다. 스마트폰과 인터넷 덕분이다. 모르는 것이 있으면 검색 한 번으로 방대한 지식에 접근할 수 있다 보니 자신이 실제로 아는 것보다 훨씬 더 많이 알고 있다고 착각하게 된다. 이를 '설명 깊이의 착각illusion of explanatory depth, IoED'이라고 한다.

여러분은 지퍼가 어떻게 작동하는지 알고 있는가? 아마 대부분 "당연히 알죠"라고 대답할 것이다. 그렇다면 지금 당장 지퍼의 작동 원리를 구체적으로 설명해보라. 톱니가 어떻게 맞물리고, 슬라이더가 어떤 역할을 하는지 상세하게 말할 수 있는가? 막상 설명하려고 하니 말문이 막힐 것이고, 비로소 자신의 무지를 깨닫게 될 것이다.

2002년, 예일 대학교의 레오니드 로젠블릿Leonid Rozenblit 과 프랭크 케일Frank Keil은 지퍼, 헬리콥터, 변기 등 일상적인 사물의 작동 원리에 대해 사람들이 얼마나 알고 있는지 실험했다. 실험 시작 때 사람들은 사물들의 작동 원리를 잘 안다며 7점 만점에 가까운 점수를 매겼지만, 실제로 설명해보라는 요구를 받은 뒤에는 점수를 1~2점대로 대폭 낮췄다.

문제는 인터넷이 이러한 착각을 부추긴다는 점이다. 인터넷으로 정보를 검색하게 되면 자신의 지식이 실제보다 훨씬 더 풍부하고 방대하다고 착각하게 된다. 온라인상의 방대한 지식을 내 머릿속의 지식이라고 혼동하는 것이다. 스마트폰을 손에 쥐고 사는 오늘날의 우리는 얕은 지식을 가지고도 마치 전문가인 양 착각하기 쉽다. 이것이 바로 더닝-크루거 효과를 가속화하는 주범이다.

빈 수레가 요란한 조직의 비극

조직이나 기업 경영에서도 이러한 현상은 빈번하게 일어난다. 회사 경영자 관점에서 가장 다루기 힘든 중간 관리자, 팀원 관점에서 가장 같이 일하기 힘든 팀장의 공통된 모습은 어중간한 실력을 가지고 있으면서 자신이 늘 스포트라이트를 받아야 한다고 생각하면서 고집이 세다. 이러한 부류의 사람은 실력이 없지는 않지만, 충분하다고도 할 수 없어 상사 입장에서 일을 못한다고 혼내기도, 잘한다고 칭찬하기도 애매하다.

게다가 그들은 자신의 실력이 동급의 다른 직원들을 압도한다고 착각하기 때문에 안하무인이기도 하다. 자신의 명성이 동급 중에서 가장 높아야 한다고 믿고 있으며, 대우 또한 가장 잘 받아야 한다고 생각하기 때문에 설득의 여지조차 없다. 자기 말에만 복종하게 만드는, 심하게 자기도취적인 리더를 보면 사실 경험이 많지 않아 근거 없는 자신감으로만 똘똘 뭉쳐 있는 경우가 많다.

만약 회사에 객관적인 평가 기준이 갖춰져 있지 않다면 능력이 부족한 사람은 자신의 실력을 실제보다 높게, 평균 이상으로 평가하기 때문에 인사 고과에 불만을 토로할 수 있다. 반면 능력이 있는 사람은 자신의 실력을 과소평가하기 때문에 상대적으로 불리한 대우를 받고 있을 가능성이 있다.

자신이 잘 모르는 분야에 대해서는 한없이 겸손해져야 함에도 불구하고 얕은 지식으로 무장한 채 목수리를 높이는 리더가 조직을 이끈다면 그 결과는 뻔하다. 빈 수레가 요란하다는 말처럼 부조건 목소리 큰 사람이 이기는 사회는 실속이 없다. 자신의 지식 수준이 어중간할 때 가장 자신감이 넘친다는 사실을 인지하고, 스스로를 객관적인 팩트로 다스리는 습관을 들여야 한다.

제4부

소비와 마케팅의 유혹

: 내 지갑은 왜 매번 털리는가

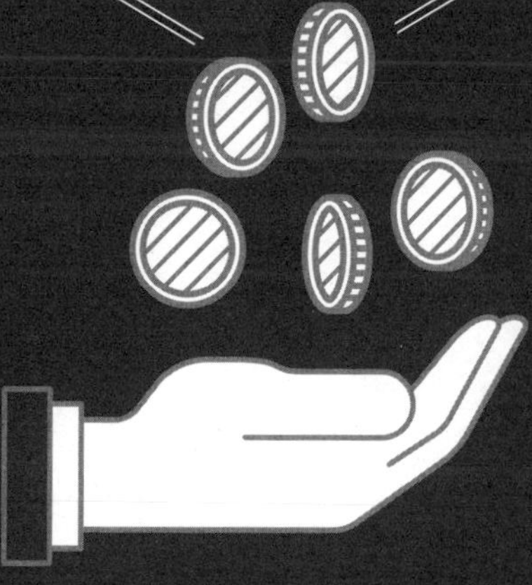

9장

뇌를 속이는
가격과 맛의 비밀

숫자 9의 마법

앞자리 숫자가 바뀌면 감정이 요동친다

농구를 좋아하는 우리 아들은 몸무게가 적게 나가서 걱정이다. 경기 중 누군가가 힘으로 밀고 들어와 슛을 시도하면 여지없이 골 밑까지 밀리다 보니 몸무게를 늘리는 게 지상 과제 중 하나일 정도다. 반면 나는 늘어가는 몸무게 때문에 걱정이 이만저만이 아니다. 그런데 가만히 생각해 보면 아이들도 그렇고, 나도 그렇고 공통점이 하나 있다. 몸무게의 앞 숫자가 바뀔 때 감정의 변화가 크게 온다는 점이다.

예를 들면 우리 둘째는 키가 170cm인데 몸무게가 48kg에서 49kg이 되었을 때보다 49kg에서 50kg이 되었을 때 드디어 앞자리가 바뀌었다며 너무나 좋아했었다. 한편 부끄럽게도 나는 세 자릿수 몸무게를 얼마 전에 찍은 적이 있다. 90kg대에서는 1~2kg의 변화가 그리 크게 느껴지지 않았는데 막상 세 자리를 찍으니 인생 다 산 듯한 허탈감과 후회감이 밀물처럼 몰려왔다.

도대체 왜 그럴까? 사람들은 대체로 숫자를 인식할 때 오른쪽인 뒷자리보다는 가장 앞자리, 혹은 왼쪽에 위치한 숫자에 집중해 숫자의 크기를 판단하는 경향이 있다. 예를 들어 58과 70, 60와 72는 둘 다 12 차이라고 해도 전자의 차이가 훨씬 크게 느껴진다. 왜냐하면 앞자리 숫자의 차이가 후자($7-6=1$)에 비해 전자($7-5=2$)가 크기 때문이다. 이처럼 제일 앞에 나오는 숫자를 기준으로 수의 크기를 판단하려 함으로써 나타나는 인지 편향을 '왼쪽 자릿수 효과left digit effect'라 한다.

합리성을 추구하는 호모 이코노미쿠스라면 1만 9900원이나 2만 원이나 큰 차이가 없다는 점을 인식할 수 있어야 하는데, 실제로는 둘 사이의 가격 차이를 그 이상으로 체감하게 된다. 실제 우리는 앞자리라고 부르고 있는 부분이 위치상 왼쪽에 자리 잡고 있기 때문에 왼쪽 자릿수 효과가 공식 용어라고 생각하면 된다. 만약 우리 문자 표기법이 오른쪽에서 왼쪽 순이었다면 용어는 '오른쪽 자릿수 효과'였을 것이다.

직관을 속이는 숫자의 마술

이러한 현상은 대니얼 카너먼과 아모스 트버스키가 1974년에 발표한 논문, 〈불확실한 상황에서의 판단: 휴리스틱과 편향 Judgment under uncertainty: Heuristics and biases〉에도 등장한다. 그들은 왼쪽 자릿수 효과를 검증하기 위해 실험 대상자를 두 그룹으로 나눈 후 5초 안에 연산 문제를 풀도록 했다. 한 그룹에게는 '1 × 2 × 3 × 4 × 5 × 6 × 7 × 8'이라는 곱셈 문제를, 또 다른 그룹에게는 숫자의 순서만 바꾼 '8 × 7 × 6 × 5 × 4 × 3 × 2 × 1'이라는 곱셈 문제를 제시했다. 두 문제 모두 답은 40320이다. 암산의 천재가 아닌 이상 이 계산을 5초 안에 끝내기란 매우 어렵다. 사람들은 앞에 오는 몇 개의 숫자를 기준으로 답을 어림짐작(휴리스틱)하게 되는데, 실험 결과는 놀라웠다. 작은 숫자부터 시작한 첫 번째 집단이 제출한 답의 평균은 512였다. 반면 큰 숫자부터 시작한 두 번째 집단이 제출한 답의 평균은 2250이었다.

이처럼 처음에 제시된 숫자가 기준점(닻)이 되어 이후의 판단에 영향을 미치는 현상을 닻내림 효과라고 한다. 왼쪽 자릿수 효과 역시 우리가 왼쪽부터 숫자를 읽기 때문에 가장 먼저 보는 왼쪽 숫자에 '닻'을 내리고 전체 크기를 판단해버리는 닻내림 효과의 일종이다.

닻내림 효과가 얼마나 강력한지를 보여주는 유명한 실험

이 또 있다. 샌프란시스코 과학관에서는 방문자들을 두 그룹으로 나누어 질문을 했다. 첫 번째 그룹에게는 "세계에서 가장 높은 삼나무의 높이는 1200피트를 넘을까?"라고 먼저 물었고, 두 번째 그룹에게는 "세계에서 가장 높은 삼나무의 높이는 180피트를 넘을까?"라고 먼저 물었다. 그 후 두 그룹 모두에게 "그렇다면 세계에서 가장 높은 삼나무의 높이는 얼마일까?"라고 주관식으로 물었다.

결과는 어땠을까? 1200이라는 숫자를 먼저 접한 첫 번째 그룹의 평균 답변은 884피트였고, 180이라는 숫자를 접한 두 번째 그룹의 평균 답변은 282피트였다. 두 그룹의 답변 차이는 무려 600피트가 넘었다. 처음 제시된 숫자가 전혀 상관없는 다음 질문의 답을 유도하는 기준점이 된 것이다. 우리가 무심코 보는 숫자 하나가 우리의 판단을 완전히 다른 방향으로 이끌 수 있다는 사실이 놀랍지 않은가?

9900원의 심리학과 묶음 판매의 비밀

왼쪽 자릿수 효과와 닻내림 효과는 마케팅에서 가격 전략에 전방위적으로 활용된다. 흔히 마트나 인터넷, 백화점 등에서 쇼핑을 할 때 상품 가격이 1000원이 아닌 990원, 1만 원이 아닌 9900원 등으로 단위 하나를 내려버린 가격표가 붙어 있는 것을 볼 수 있다. 네 자리를 세 자리로, 다섯 자리를 네 자리로 제시하면서 인식의 틀을 바꾸도록 하는 것이다. 실제 할인율은 1%에 불과한데도 말이다.

이런 면에서 과거 버거킹의 이른바 '4달러' 광고는 소비자들에게 버거킹 햄버거가 '저렴하다'라는 인식을 효과적으로 심어준 매우 성공적인 광고가 아니었나 싶다. 다른 햄버거 프랜차이즈에 비해 상대적으로 고가였음에도 불구하고 인식의 단위를 단 한 자리로 줄여버렸으니 말이다.

최근에는 힙하다는 디저트 카페 등에서 메뉴판의 금액 단위를 천 단위로 절사한 형식으로 표기하는 경우가 많다. 예를 들어 2만 5000원인 케이크를 '25.0' 혹은 '25.-'로 표기하는 식이다. 이처럼 금액으로 표시되는 숫자의 개수 자체를 줄이는 전략은 실질적으로 큰 할인 없이 '저렴하다'라는 인상을 주어 소비자의 가격 부담은 덜고 접근성은 높인다.

이런 경우도 있을 수 있다. 홈쇼핑에서 정가가 120만 원인 상품을 판매하면서 24개월 무이자 할부 혜택을 제공한다고 가정하자. 그러면 매달 지불할 금액은 5만 원이 된다. 이때 홈쇼핑 화면에서 자동 주문 등 그다지 크지 않은 추가 할인 조건이 안내되면 쇼호스트는 "추가 할인을 받으시면 매월 결제 금액은 5만 원이 안 됩니다"라며 매우 싼 것처럼 소개할 것이다.

닻내림 효과는 가격뿐만 아니라 구매 수량을 결정할 때도 위력을 발휘한다. 브라이언 완싱크Brian Wansink, 로버트 켄트

Robert J. Kent, 스티븐 호크Stephen J. Hoch 등 세 명의 교수가 시행한 실험에 따르면 동일한 상품임에도 '개당 50센트'라고 표기한 경우와 '4개에 2달러'라고 표기한 경우 고객 반응은 확연히 달랐다. 두 경우 모두 개당 가격은 동일하지만, 고객들은 '4개에 2달러'로 표기했을 때 평소보다 36%나 더 많이 구입했다. 4개라는 숫자가 닻을 내려 무의식적으로 4개 근처의 수량을 집어 들게 만든 것이다. '어차피 살 거면 쌀 때 사두자'라는 심리도 작용했겠지만, 숫자가 주는 암시가 우리의 지갑을 더 열게 만들었음은 부인할 수 없다.

숫자의 프레이밍

숫자가 주는 마법은 여기서 끝이 아니다. 같은 숫자라두 어떻게 표현하느냐에 따라 우리가 느끼는 가치는 천지 차이가 된다. 이를 '프레이밍 효과'라고도 볼 수 있는데 숫자의 크기와 단위를 조작하여 사람들의 인식을 바꿀 수 있다.

세계에서 가장 비싼 위스키 중 하나로 '버번 위스키의 끝판왕'이라고 불리는 미국 켄터키 주의 '패피 반 윙클Pappy Van Winkle' 위스키 사례를 보자. 이 술은 처음 통에 담은 이후 숙성 과정에서 58%가 증발해 사라진다고 한다. 이를 마케팅에 활용해 이 술이 얼마나 귀한지 강조하고 싶다면 어떻게 표현하는 게 좋을까?

“이 위스키는 숙성 과정에서 58%가 증발합니다”라고 설명할 수도 있지만 더 극적으로 보이게 만드는 방법이 있다. 58%가 사라진다는 것은 결국 42%만 남는다는 뜻이다. 이를 뒤집어 생각해보자. 사라진 양은 남은 양의 약 1.38배이므로 이를 퍼센트로 환산하면 138%가 되니 이렇게 표현할 수 있다. “패피 반 윙클 위스키 1리터를 만들 때 무려 138%에 달하는 원액이 공중으로 사라지는 것을 감수합니다.”

어떤가? 전자는 전체 양에서의 증발량을 표현했고, 후자는 남은 양을 기준으로 증발량을 표현했을 뿐이다. 하지만 58보다 138이라는 숫자가 주는 임팩트가 훨씬 강하다. 소비자는 “세상에, 남는 것보다 사라지는 게 더 많다니, 정말 귀한 술이 맞구나!”라고 느끼게 된다. 이처럼 하나의 사실도 어떤 숫자를 기준으로, 어떤 단위로 표현하느냐에 따라 소비자의 뇌리에 박히는 인상은 완전히 달라진다.

가격을 올릴 때도 사용되는 왼쪽 자릿수의 힘

왼쪽 자릿수 효과는 마케팅에서 가격이 저렴하다는 인상을 줄 때뿐만 아니라 가격 인상에 대한 고객의 저항감을 확인할 때도 활용될 수 있다. 조지아 대학교 심리학과 제임스 매킬로프James MacKillop 교수가 2012년에 발표한 연구를 보면 매우 흥미로운 내용이 포함되어 있다.

매킬로프 연구의 주제는 담배 가격을 인상할 때 왼쪽 자릿수 변화와 흡연자들의 반응에 관한 것이었다. 연구 결과, 가격을 5.60달러에서 5.80달러로 인상했을 때보다 5.80달러에서 6.00달러로 인상했을 때 담배 소비량 감소 효과는 4배 더 컸다. 두 경우 모두 똑같이 가격을 20센트 인상했음에도 불구하고 앞자리가 5에서 6으로 바뀌면서 흡연자는 가격 변동 폭을 훨씬 더 크게 느꼈기 때문이다.

앞자리 수가 바뀌어서 싸게 파는 것처럼 보일지라도 잘 살펴보면 실제로는 얼마 차이 나지 않는 경우가 많다. 반대로 앞자리가 바뀌는 가격 인상은 소비자에게 큰 부담으로 다가온다. 우리는 숫자가 주는 첫인상, 즉 첫 자리의 숫자에 지나치게 의존하지 말아야 한다. 9900원은 9000원대가 아니라 1만 원에 훨씬 가깝다는 사실을, 그리고 '4개에 2달러'는 꼭 4개를 사야 한다는 뜻이 아님을 잊지 말자.

미끼 상품의 유혹

합리적 소비의 배신

사람들은 싸다고 무조건 좋아하지 않으며, 또 비싸다고 해서 무조건 좋다고 여기지도 않는다. 너무 저렴한 제품은 상품의 질에 문제가 있지 않을까 걱정하게 되고, 너무 고가 상품은 혹시 바가지를 써서 소위 호갱이 되는 것은 아닌지 노심초사한다. 만약 가격이 동일하다면 보다 많은 혜택이 있는 상품을 선택하고 싶어 한다. 이처럼 사람들은 어떤 상품을 구매할 때 너무 싸지도 않고 너무 비싸지도 않은 적정 가격의 좋은 제품, 같은 가격이라면 더 좋은 상품을 구매하기를 원한다. 이는 언뜻 듣기에 합리적이다. 그런데 과연 이러한 심리가 늘 합리적 소비를 하는 데 도움이 될까?

기업은 우리가 합리적으로 소비하려는 심리도 잘 활용한다. 대표적으로 '유인 효과decoy effect'가 있다. 유인 효과란 미끼decoy 상품을 시장에 던져놓으면 그 상품에 견줄 만한 다른 특정 상품이 많이 팔리게 되는 현상을 의미한다. 예를 들어 가격이 서로 다른 두 가지의 상품이 있는 상황에 이 둘보다 고가인 상품을 추가로 하나 더 제시하면 고가의 상품이 미끼로 작용해 소비자들은 그보다는 상대적으로 저렴한 중간 가격의 상품을 많이 구매하게 된다.

예시 사례를 통해 보다 구체적으로 살펴보자. 선풍기를 판매하고 있는 어떤 기업이 있다. 이 기업은 기능과 가격이 서로 다른 선풍기 A와 B를 판매하고 있다. A는 3만 원으로 가장 저렴하지만 기본 기능만 있는 상품이다. 그런데 B는 선풍기에 공기 청정 기능이 탑재되어 있고 디자인도 신경 써 출시한 상품으로 10만 원에 판매하고 있다. 이 기업은 B를 주력으로 판매하고 싶은데 판매량은 A와 B가 유사한 상황이다. A를 구매한 소비자들의 상품 리뷰를 살펴보니 공기 청정은 공기 청정기로 하면 된다며 괜히 10만 원을 주고 어중간한 제품을 살 바에 선풍기 기능에 충실하면서 저렴한 A 상품을 사는 게 낫다는 의견이 있었다.

이 기업은 B 상품의 판매량을 높일 방법을 고민하다가 C라는 상품을 하나 더 출시했다. C의 기능과 디자인은 B와 큰 차이가 없는데도 가격만 15만 원으로 약간 더 비싸게 책정했다. 그 결과 어떻게 되었을까? 사람들은 이제 A와 B를 비교하는 것이 아닌, 쓸데없이 B와 C를 비교하다가 B를 선택하게 될 가능성이 높다. 어차피 기능과 디자인이 C와 별 차이가 없으니 상대적으로 저렴한 B를 고르자는 심리로 말이다. 이때 C라는 상품은 B 상품의 판매량을 높이기 위한 미끼 상품으로서의 역할을 충실히 한 것이다.

유인 효과를 검증한 대표적인 실험이 있다. 스탠퍼드 대학교 아모스 트버스키와 이타마르 시몬슨Itamar Simonson 교수는 이에 관련한 실험을 진행했다. 첫 번째 실험에서는 참가자들을 대상으로 170달러짜리 카메라와 240달러짜리 카메라를 제시하였는데(물론 값싼 카메라보다 값비싼 카메라의 성능이 가격 차이만큼 좋았다), 이때 참가자들의 선택은 반반이었다.

두 번째 실험에서는 보다 고급 기종인 470달러짜리 카메라를 추가해 세 가지 카메라를 제시하고 이 중 어느 것을 선택할지 물었다. 그 결과 240달러의 카메라가 170달러의 카메라보다 약 2.5배가량 더 많은 선택을 받았다. 실제 추가된 고가의 카메라를 제외한 두 기종 간 비율은 앞 실험과 비슷하게 나왔어야 함에도 불구하고 중간급 카메라가 압도적인 선택을 받은 것이다. 일반 사람들이 고가 제품을 살 때 겪을 수 있는 바가지에 대한 걱정, '싼 게 비지떡'이라는 속담처럼 불량한 저가 제품에 대한 걱정을 모두 해소할 수 있는 중간 제품에 대한 선택이 가장 높게 나온 것이다. 470달러짜리 카메라는 240달러짜리 카메라를 팔기 위한 훌륭한 미끼였다.

테스코의 교묘한 멤버십 가격 설계

이러한 전략은 온라인 서비스나 구독 경제에서도 빈번하게 사용된다. 영국 슈퍼마켓 시장의 강자인 테스코Tesco의 사례를 보자. 테스코는 아마존 프레시Amazon Fresh 같은 경쟁자들의 위협에 대응하기 위해 '딜리버리 세이버Delivery Saver'라는 무제한 무료 배달 서비스를 내놓았다. 이 서비스는 6개월 단위로 계약하는데 결제 방식에서 흥미로운 옵션을 제시했다.

매월 7.99파운드씩 내는 옵션이 있고, 다른 옵션은 6개월치인 47.94파운드를 일시불로 내는 것이다. 여기서 테스코는 '7.99파운드'를 숫자를 '닻'으로 사용했다. 실질적으로 8파운드에 가까운 금액이지만 앞자리를 7로 낮춤으로써 저렴하다는 인상을 준 것이다. 그리고 6개월치 일시불 금액은 월별 금액에 정확히 6을 곱한 가격으로 제시해 일시불로 결제하나 월별로 결제하나 손해가 없음을 보여주었다.

하지만 결정적인 한 방은 따로 있었다. 결제 화면에서 '일시불 결제'가 기본 설정으로 체크되어 있던 것이다. 아무 조치도 취하지 않고 다음 단계로 넘어가면 일시불 결제가 진행되고, 월별 결제를 하려면 굳이 체크를 해제하고 다시 선택해야 하는 번거로움을 감수해야 했다. 이는 사람들의 귀차니즘, 즉 현상 유지 편향을 교묘하게 이용한 것이다. 동시에 월 7.99파운드라는 가격을 미끼처럼 활용해 47.94파운드라는 큰 금액이 합리적으로 보이게끔 만들었다.

이코노미스트의 구독 실험

유인 효과는 가격 비교뿐만 아니라 선택지 구성 자체에서도 강력한 힘을 발휘한다. 댄 애리얼리는 그의 저서《상식 밖의 경제학》에서 온라인 구독의 유인 효과를 검증하기 위해 학생들을 대상으로 실시한 실험을 소개했다. 그는 학생들에게 주간지 〈이코노미스트〉 구독을 위한 선택지를 아래와 같이 제공한 후 어떤 상품을 선택할지 물었다.

1. 온라인 구독 상품: 59달러 (1997년 이후 모든 아티클을 모두 볼 수 있음)

2. 오프라인 1년 구독 상품: 125달러

3. 온·오프라인 모두 구독 상품: 125달러 (오프라인 1년간 구독 + 1997년 이후 모든 아티클을 모두 볼 수 있음)

당신이라면 어느 상품을 선택하겠는가? 온라인만 이용해도 상관없는 경우를 제외한다면, 대부분 2번 오프라인 구독상품과 가격이 동일한 3번 온오프라인 상품을 비교한 후 동일 가격에 더 많은 혜택을 누릴 수 있는 3번 상품을 선택하게 될 것이다. 이 실험에서도 마찬가지였다. 첫 번째 실험 결과 16%의 학생이 1번 온라인 구독을 택했고, 84%가 3번 온·오프라인 모두 구독 상품을 선택했다. 2번 상품을 선택한 학생은 아무도 없었다.

이에 애리얼리는 과연 2번 상품이 미끼로 작용한 것인지 검증하기 위해 두 번째 실험을 진행했다. 이번에는 학생들에게 위 세 가지 선택지 중 2번 옵션을 제거하고 어떤 상품을 구독할지 물었다. 그 결과 68%가 1번을 택했고, 32%가 3번을 택하는 결과가 나왔다.

첫 번째 실험에서 아무도 선택하지 않았던 '2번(오프라인 1년 구독 125달러)' 선택지는 쓸모없는 옵션처럼 보였지만, 사실은 3번 옵션(온·오프라인 결합 125달러)을 돋보이게 만드는 결정적인 역할을 했다. 2번이 있었기 때문에 사람들은 3번을 보며 "와, 오프라인 가격에 온라인까지 공짜로 주네?"라고 생각하며 이득을 봤다고 느낀 것이다. 2번 선택지가 미끼 역할을 완벽하게 수행하며 사람들의 선호를 바꾼 셈이다.

머릿속에 닻을 내려라

이처럼 유인 효과는 유인하는 선택지를 하나 더 추가함으로써 자연스럽게 소비자의 선택을 의도한 대로 유도하는 방법이다. 사실 유인 효과는 행동경제학의 또 다른 핵심 개념인 닻내림 효과와 매우 밀접한 관련이 있다. 내리는 닻이 들러리면 되니까 말이다. 닻내림 효과는 배가 닻을 내리면 그곳에서 멀리 움직이지 못하듯 어떤 숫자가 사전에 제시되게 되면 그것을 판단의 기준으로 삼게 되어 최종 선택하는 숫자가 거기서 크게 차이가 나지 않는 현상을 의미한다.

닻내림 효과는 숫자에서만 일어나는 것은 아니다. 우리를 둘러싼 '상황'이나 '사건'도 강력한 닻이 될 수 있다.

1982년, 미국 시카고에서는 '타이레놀 독극물 주입' 사건이 발생했다. 누군가가 시중에 유통 중인 타이레놀 캡슐에 독극물을 주입해 무고한 시민 7명이 희생된 끔찍한 사건이었다. 타이레놀 제조사인 존슨앤존슨은 문제가 된 타이레놀 통에 인쇄된 제조번호 '2880'과 '1910'을 공개하며 주의를 당부했다. 그런데 이후 황당한 일이 벌어졌다. 이 비극적인 사건과 아무런 논리적 연관이 없는 복권 구매에서 사람들이 '2880'과 '1910'을 당첨 번호로 선택하는 비율이 급증한 것이다. 불행을 가져온 번호임에도 불구하고 언론을 통해 반복적으로 노출되면서 사람들의 머릿속에 강력하게 닻을 내렸기 때문이다.

이 효과는 비즈니스 협상, 특히 연봉 협상에서도 유용하게 쓰인다. 프로야구 스토브리그에서 FA 선수들이 구단과 협상할 때를 생각해보자. 협상에 임하는 양측 중 한 쪽에서 먼저 금액을 제시하는 편이 보편적으로 유리하다. 바로 그 금액이 기준 금액(닻)이 되어 협상을 시작하기 때문이다. 물론 터무니없는 금액이라면 협상 자체가 결렬되겠지만, 적절한 근거를 기반으로 최고액을 먼저 제시하면 그 금액이 닻이 되어 최종 계약 금액을 자신에게 유리한 쪽으로 끌어올릴 수 있다. 전략적으로 협상 가능 구간을 먼저 설정하고, 자신에게 유리한 숫자를 먼저 던지는 것. 이것이 닻내림 효과를 활용한 협상의 기술이다.

이처럼 기업과 협상가는 닻내림 효과와 유인 효과를 통해 상대방의 선택을 설계한다 유인 상품은 항상 싼 가격의 제품이 아니라 목표로 하는 상품을 더 많이 선택할 수 있도록 돕는 역할만 충실하게 하면 된다. 소비자의 입장에서는 합리적인 듯한 우리의 소비 심리가 늘 합리적인 소비를 돕지는 않는다는 점을 유념해야 한다. 그럼 호갱이 되지 않으려면 어떻게 해야 하냐고? 완벽한 정답은 없다. 하지만 적어도, ‘적당한 것’, ‘좀 더 나은 것’보다는, 정말 나에게 ‘필요한 것’이 무엇인지를 먼저 생각하는 것이 좋지 않을까.

맛은 혀가 아니라 뇌가 느낀다

흑백요리사 신드롬과 맛의 진실

넷플릭스에서 공개된 '흑백요리사'라는 프로그램은 한동안 장안의 화제였다. 해외에서도 비 영어 TV 콘텐츠 중 1위를 달성했을 정도로 국제적으로도 엄청난 인기를 끌었다. 엄청난 스케일에 화려한 셰프 출연진들 때문에 예능 치고는 굉장한 제작비가 투입되었을 거라고 짐작된다. 한류에서 또 하나의 대표 장르로 요리 부문이 올라서는 느낌이다.

행동경제학자로서 이러한 인기에 대해 여러 가지 요인들을 짚을 수 있지만, 보다 본질적인 부분부터 생각해보게 된다.

사람은 왜 음식을 탐닉할까 그리고 어떤 음식을 맛있다고 여길까에 대한 심리학적 접근 말이다. 우선 사람은 기본적으로 음식에 대한 선호, 특히 두 가지 맛에 대해서는 공통적인 선호를 가지고 있다. 단맛과 짠맛이다. 이에 대한 선호는 유전적인 요소라 볼 수 있다.

다양한 연구에 따르면 대부분의 동물이 단맛을 선호하는데 아마도 고농도의 당분이 내는 칼로리, 에너지를 제공하고 인체의 기본 기능에 도움을 주는 칼로리 때문이라고 한다. 실제로 아기들조차 단맛이 나는 액체들을 입술에 묻혔을 때에는 아주 만족한 표정을 짓는 것으로 나타났다. 짠맛 역시 마찬가지다. 소금 섭취가 줄어들면 인체는 혈액 소금 농도를 적절하게 유지하기 위해 수분을 배출해서 탈수 상태가 될 가능성이 있기 때문에, 우리는 본능적으로 염분이 있는 음식을 더 선호한다.

하지만 인간이 '맛있다'라고 느낄 때 과연 미각만이 존재할까? 과학과 심리학은 결코 그렇지 않다고 이야기한다. 맛은 오감을 포함한다. 심지어 식사를 하는 순간의 경험과 맥락, 그리고 기대치까지도 맛에 포함된다. 이름도 괴상한 '파타고니아 이빨고기'는 다른 말 '비막치어'라는 단어로 표현하면 조금 나아 보이고, 우리가 자주 먹는 '메로'라고 하면 더 나아 보이며, 미국 FDA에서 승인한 이름 '칠레산 농어'라고 하면 고급

재료처럼 느껴진다. 이렇게 이름만으로도 사람들의 기대치를 조정할 수 있다. 미슐랭 스타를 획득하며 인정받은 식당이나 유명 셰프의 식당은 이미 미디어 화면 속에서 익히 보아 왔던 명성 덕분에 브랜드 충성도를 어느 정도 형성해놓았다. 실제로 그러한 상태에서 음식점을 방문할 경우 이미 '맛있다'라고 생각할 준비가 되어 있을 수밖에 없다. 일종의 '플라시보 효과placebo effect(위약 효과)'라고 볼 수 있다.

식탁 위의 심리학

맛을 결정하는 요소는 음식 그 자체보다 식사하는 환경과 맥락일 수 있다. 옥스퍼드 대학교 심리학자 찰스 스펜스Charles Spence는 요리학gastronomy과 정신물리학psychophysics을 합쳐 '미식물리학gastrophysics'이라는 신조어를 만들고 이와 관련된 다양한 연구를 진행했다. 연구에 따르면 우리의 식사량과 맛의 평가는 '누구와 함께 있는지'에 따라 결정된다고 한다.

　인간은 사회적 동물이기 때문에 혼자 먹을 때보다 친근한 사람과 함께 먹을 때 더 많이 먹는 경향이 있다. 친구나 가족과 함께 편안한 분위기에서 식사하면 식사 시간이 길어지고, 다른 사람이 맛있게 먹는 시각적 자극 때문에 식욕이 돋아 평소보다 과식하게 된다. 반면, 불편한 사람이나 잘 보이고 싶은 사람과 함께 식사할 때는 정반대 현상이 나타난다. 좋은 인상을 남기고 싶거나 초조함을 느끼면 평소보다 적게 먹게 된다. 소개팅 자리나 어려운 상사와의 식사 자리에서 배고픔을 잊고 음식을 남기는 이유가 바로 여기에 있다. 이처럼 우리가 느끼는 맛과 식욕은 혀끝의 감각뿐만 아니라, 식탁을 둘러싼 사회적 맥락과 심리적 요인에 의해 끊임없이 재구성된다.

펩시 챌린지와 코카콜라의 승리

'흑백요리사' 두 번째 미션에서는 두 심사위원이 어떤 셰프가 만들었는지 전혀 알지 못하게 눈을 가린 채 오로지 음식의 맛만 보고 평가하는 장면이 연출되었다. 최대한 공정한 프로그램이라는 점을 강조하고 싶어서 만든 미션이라는 생각이 든다. 물론, 여기서는 두 심사위원의 뛰어난 미각과 풍부한 경험에서 우러나온 요리 상식에 기반해 평가하기 때문에 지금까지 선보인 어느 요리 경연보다 공정하다는 생각이 든다. 여기서 말하고자 하는 점은 공정성이 아니라 블라인드 테스트와 브랜드의 힘에 관한 것이다.

블라인드 테스트 관련 가장 유명한 실험은 단언컨대 펩시와 코카콜라에 대한 블라인드 테스트이다. 블라인드 테스트는 시장 점유율에서 너무 뒤처져서 잃을 것이 없는 펩시의 아이디어에서 출발했다. 자신이 마시는 음료수가 펩시인지 모를 때는 펩시를 훨씬 더 좋아한다는 생각 때문에 시작되었던 '펩시 챌린지'는 어떤 실험 못지않게 엄격한 통제 하에서 실행되었다. 음료는 모두 동일한 시간에 같은 잔에 따라서 같은 온도로 제공되었고 모든 테스트는 무작위로 순서가 정해졌다.

그 결과, 브랜드의 이름을 가렸을 때는 53 : 47로 펩시를 선호하는 사람이 많았다. 그런데 어떤 브랜드인지 알고 콜라를 마셨을 때는 코카콜라를 선호하는 사람이 8 : 2로 압도적으로 많았다. 숫자가 다소 차이가 있을지언정 이름을 가렸을 때는 펩시, 이름을 알았을 때는 코카콜라라는 결과는 지역에 상관없이 모두 같았다.

여기서 재미있는 점은 코카콜라의 열광적인 애호가들을 대상으로 한 실험이었다. 그들은 코카콜라가 펩시보다 훨씬 맛이 좋기 때문에 좋아한다고 답변하는 사람들이었는데, 그들 역시 코카콜라인 줄 알고 마셨을 때는 코카콜라를 선택했지만 모를 때는 다른 사람들과 결과가 같았다.

여기서 뇌과학자들은 힌트를 얻어 코카콜라가 뇌에 어떤 영향을 끼치는지 fMRI(기능성 자기공명영상)를 통해 알아보았다. 첫 번째 실험에서는 우선 실험 참가자들에게 펩시이든 코카콜라이든 자신이 더 좋아한다고 밝혔던 탄산음료를 마시도록 했더니 좋은 맛과 같은 기본적인 보상을 평가하는 부분인 전전두엽 피질이 활성화되었다.

이후 두 번째 실험에서는 어떤 음료인지 모르는 상태에서

　　제4부 소비와 마케팅의 유혹 : 내 지갑은 왜 매번 털리는가

절반에게는 코카콜라 캔의 사진을 보여주고 음료를 마시게 했는데 코카콜라를 본 절반의 사람들이 음료 맛이 훨씬 더 좋다고 대답했다. 그런데 이때는 맛에 대한 보상 영역이 아닌 과거의 감정적인 체험과 관련된 뇌의 영역(기억을 담당하는 해마와 정서를 담당하는 부분)이 활성화되었다고 한다. 사람들은 자신의 미각과는 상관없이 코카콜라가 주는 연상 때문에 코카콜라가 맛있다고 느끼게 된다는 것이다. 코카콜라는 기억으로 느끼는 맛이라고 결론지을 수 있다.

산타클로스와 코카콜라

코카콜라가 이토록 강력한 '기억의 맛'을 갖게 된 배경에는 치밀한 이미지 프레이밍이 있다. 우리가 크리스마스 하면 떠올리는 산타클로스의 이미지, 즉 빨간 옷을 입고 흰 수염을 기른 뚱뚱하고 인자한 할아버지의 모습은 사실 코카콜라가 만들어낸 것이다. 원래 성 니콜라스 주교의 이미지는 기품 있고 날씬한 모습이었다. 그러나 1931년에 코카콜라는 겨울철 판매량을 늘리기 위해 화가 해든 선드블롬Haddon Sundblom에게 의뢰해 코카콜라의 상징색인 붉은색 옷을 입고 콜라를 마시는 친근한 산타클로스를 탄생시켰다.

이전에도 미국의 위대한 화가 노먼 록웰Norman Rockwell이 코카콜라를 마시는 미국 중산층의 행복한 모습을 그려내며 긍정적인 이미지를 쌓아왔다. 이러한 이미지들이 수십 년간 축적되면서 코카콜라는 단순한 '설탕물'이 아니라 '행복', '가족', '따뜻함'이라는 정서적 가치가 함께 담기게 되었다. 앞서 살펴본 fMRI 실험에서 코카콜라 브랜드를 보았을 때 활성화된 뇌의 영역은 바로 이렇게 긴 시간 브랜드가 심어준 따뜻한 기억과 정서였던 것이다. 이것이 바로 브랜드가 혀를 속이고 뇌를 지배하는 방식이다.

5달러 와인과 90달러 와인의 맛

브랜드뿐만 아니라 '가격'도 뇌 영역 활동에 영향을 미쳐서 결국 맛까지 좌우하게 된다. 캘리포니아 공과대학 안토니오 랑겔Antonio Rangel 연구팀은 20명의 자원봉사자에게 와인 샘플 다섯 가지를 시음하게 했다. 와인병에는 5달러, 10달러, 35달러, 45달러, 90달러의 소매가가 붙어 있었다. 참가자들이 다섯 종류의 와인을 시음하고 평가한 결과 실험 대상자들은 5달러짜리 와인보다 90달러짜리 와인이, 35달러짜리 와인보다 45달러짜리 와인이 맛이 더 좋다고 답변했다.

그러나 실제로 이 실험에서는 다섯 가지 종류가 아닌 세 가지 종류의 와인을 테스트했다. 사실 10달러짜리 와인과 90달러짜리 와인은 같은 종류의 와인이었지만 실험 참가자들에게 노출된 가격표만 다르게 붙었음에도 불구하고 모두 90달러로 알고 있는 와인이 더 맛있다고 한 것이다.

그 다음 실험에서는 보다 더 재미있는 결과가 나왔다. 가격을 가린 다섯 가지 와인 샘플을 다시 제공하고 어떤 와인을 선호하는지 물었을 때, 가장 저렴한 와인이 가장 맛있다는 답변이 나왔다.

실제로 비싼 가격이 좋은 맛을 만들어낸다는 사실은 허언이 아닐 수 있다. 매년 발표되는 미슐랭 가이드에 선정되며 인정받은 식당들은 분명히 그럴만한 가치가 있다. 제철에만 구할 수 있는 최고의 식재료에 그들이 가진 높은 요리 기술을 더하게 되면 원가가 일반 음식보다 훨씬 높아질 수밖에 없다. 하지만 우리가 그 음식들을 더 맛있다고 느끼는 데에는 큰맘 먹고 지갑을 열어야 하는 '높은 가격' 자체가 주는 뇌의 착각, 즉 플라시보 효과도 분명히 작용한다.

'흑백요리사' 시즌 1에서 뇌와 관련해 생각해본 장면은 식당을 차려서 음식을 판매하는 팀 미션이었다. 이 미션의 의도는 셰프들이 소비자의 심리를 파악해 정확한 세일즈 포인트를 잡아 음식을 많이 팔아 더 많은 이윤을 남길 수 있는지 시험하는 것이었다. 유명한 먹방 유튜버들과 대식가로 유명한 연예인들이 참가해 많은 음식을 주문하고 먹는 그 장면에서는 기본적으로 행동경제학에서 말하는 '양떼 효과'가 그대로 나타났다. 한 사람이 어떤 메뉴를 처음 주문해서 요리가 나오면 그 요리가 주는 소리와 냄새, 그리고 제일 먼저 먹어 본 사람의 의견은 다음 사람의 주문에도 영향을 끼쳤다.

그런데 뇌과학 측면에서 보자면 한 가지 아쉬운 점이 있다. 손님으로 초대된 이들이 아무래도 워낙 잘 먹는 탓에 원한다면 모든 음식을 먹어볼 수 있도록 충분한 기회가 제공되었다는 점이다. 우리가 상품에 붙어 있는 가격을 보는 순간 뇌에서는 고통을 느끼는 부분이 활성화된다고 한다. 그것이 충동구매이든 심사숙고한 구매이든 간에 가격을 인지하는 순간부터 우리는 잘 모르지만 뇌에서는 아픔을 느끼게 된다.

요지는, 진짜 제대로 음식을 구매하는 소비자를 가정하려 했다면 그들에게 가격을 쳐다보고 지불하는 순간 일어나는 고통을 겪게 하는 것이 좋지 않았을까 싶다. 공짜라고 느끼는 순간 가격에 대한 뇌의 아픔은 사라져 버리고 그 결과 그들의 선택은 현실과 다르게 나타날 수도 있다. 만약에 자신의 돈으로 먼저 지불하고 80%까지 채워주는 시스템이라면 전혀 다른 결과가 나오지 않았을까 생각한다. 그랬다면 가격 때문에 그들의 뇌는 고통스러웠을 테니 말이다.

누군가에게 요리는 예술이지만 나에게 요리는 심리학이다. 우리가 느끼는 맛은 혀끝의 미각 세포뿐만 아니라 브랜드에 대한 기억, 산타클로스가 주는 따뜻한 이미지, 가격표가 주는 고통과 기대감, 그리고 식사하는 공간의 분위기와 함께 먹는 사람까지 뇌가 종합적으로 판단한 결과물이다. '흑백요리사'가 두 시즌 모두 전 세계적으로 인기를 끈 이유는 단순히 요리 실력 대결을 넘어 이러한 인간의 심리와 욕망을 자극하는 요소들이 곳곳에 숨어 있었기 때문일지도 모른다.

10장

소비를 부추기는 심리

오픈런을 감수하고 사는 한정판

불황에도 줄을 서는 사람들

코로나 19의 여파로 경기 전반이 침체된 중에도 홀로 호황을 누렸던 업계가 있다. 에르메스, 루이비통, 샤넬, 구찌 등 명품 브랜드의 이야기다. 최근 세계적인 명품 브랜드들이 한국을 주요 시장으로 꼽으면서 케이팝 아이돌을 잇달아 모델로 기용했다. 기자들은 명품 앰베서더 활동을 시작한 아이돌과 셀럽에게 '인간 샤넬', '인간 구찌' 등의 별명을 붙이기 시작했다.

과거에 명품은 어느 정도 부를 축적한 40대 이상 중장년이 주로 소비하던 것으로 여겨졌다. 그런데 언제부턴가 2030

고객이 명품 매출의 50%를 넘길 정도로 MZ 세대의 소비가 증가했고, 백화점 명품 매장에서는 교복 차림의 10대 청소년도 종종 발견할 수 있다. 불황이라는 말이 무색하게 명품은 성공한 중장년층의 전유물이 아닌, 젊은 세대가 개성을 표현할 수 있는 트렌디한 아이템으로 자리 잡고 있다.

고가임에도 불구하고 불황 속에서 명품이 잘 팔리는 이유, 그리고 소비 연령이 낮아지는 이유는 뭘까? 명품을 사고 싶어 하는 심리는 경제학에서 말하는 '네트워크 효과network effect'로 설명할 수 있다. 네트워크 효과는 대표적으로 '베블런 효과veblen effect', '스놉 효과snob effect', 그리고 '밴드왜건 효과 bandwagon effect' 3가지를 포함한다.

비쌀수록 잘 팔린다

경제학자들은 사람들이 사치품이나 명품을 구매하는 현상을 베블런 효과로 설명했다. 일반적인 제품은 가격이 비쌀수록 수요가 감소하는 수요-공급의 법칙을 따르는 반면, 사치품은 가격이 고가임에도 불구하고 사회적 지위나 부를 과시할 목적으로 지속적인 수요가 발생하는 현상을 말한다. 베블런 효과에서 나타나는 고가의 제품을 '베블런재veblen goods'라고 한다.

베블런재는 남들이 쳐다도 못 보는 높은 가격으로 인해 구매할 때 굉장한 장벽이 존재한다. 따라서 베블런재를 소유하고 있다는 것은 자신이 그러한 계급적, 신분적, 재정적 장애를 극복할 수 있는 능력을 지녔다는 신호를 남들에게 주게 된다. 우월함을 과시하고 싶은 심리가 베블런 효과의 핵심이다.

오늘날에는 자신이 소유한 제품을 언제든지 SNS에 올려서 공감과 찬사를 이끌어낼 수 있기 때문에 자신의 우월함을 더욱 손쉽게 알릴 수 있다. 각종 SNS의 발달은 남들이 웬만해서 가질 수 없는 제품을 소유하고 있다는 점을 그 어느 때보다 더 잘 과시할 수 있기 때문에 베블런 효과를 부추기는 결과를 가져왔다. 부를 가지기 위해 노력하거나 이제 막 부를 축적한 사람들은 베블런 효과처럼 장벽을 넘기 위해 명품을 소비하기 시작하는 경향이 있다.

나는 너희와 다르다

그런데 너도나도 명품을 소비하기 시작하면 기존에 명품을 소비하던 사람들은 더 이상 자신의 신분이나 위상을 차별화하는 데 쓸 수 없게 된다. 그러면 넘어설 수 없는 장벽을 쌓기 위해 누구나 소비할 수 있는 제품의 구매를 중단하고 남들이 쉽게 살 수 없는 더 고가의, 더 희소한 명품을 찾게 된다. 다수의 소비자가 구매하는 제품은 흔한 제품이라 인식해 꺼리는 것이다. 이러한 현상을 스놉 효과라고 한다.

여기서 스놉은 '잘난 척하는 속물'을 의미한다. 대중과 떨어져 자기를 드러내는 행태는 까마귀 무리 속에서 혼자 떨어져 있는 백로와 같다고 하여 '백로 효과'라고도 한다.

다양한 명품 브랜드와 유통 업체들은 스놉 효과를 잘 활용한다. 명품 중의 명품이라고 불리는 에르메스의 버킨백은 다른 제품의 구매 이력을 충분히 쌓은 후에도 긴 시간을 기다려야 한다. 강남 신세계백화점은 명품만을 위한 편집 매장을 따로 운영한다. 한정판에 대한 수요가 꾸준히 존재하는 이유, '리셀'로 인해 돈을 벌 수 있는 이유도 이 때문이다.

그런데 흥미롭게도 남들과 다름을 과시하는 방법이 비싼 물건일 필요는 없다. 때로는 사회적 규범을 깨는 파격이 더 높은 지위를 상징하기도 한다. 이를 '빨간 운동화 효과red sneakers effect'라고 한다. 하버드 대학교의 프란체스카 지노Francesca Gino 교수가 연구한 이 효과는 오히려 격식에 맞지 않는 옷차림을 한 사람이 더 높은 지위를 가질 것이라고 사람들이 추론하는 현상을 말한다.

지노의 연구에서는 이탈리아 밀란 도심의 명품 숍 직원을 대상으로 실험을 실시했다. 직원들은 정장에 롤렉스 시계를 찬 사람보다 운동복에 스와치 시계를 찬 사람이 사회적 지위도 높고 구매 능력도 뛰어날 것이라 여겼다고 한다. 또한 다른 실험에서 학생들은 넥타이를 매고 깔끔한 정장을 입은 교수보다 허름한 티셔츠에 덥수룩하게 수염을 기른 교수가 더 지위가 높고 능력도 출중하다고 평가했다는 결과도 있다.

스티브 잡스나 메타Meta의 마크 저커버그Mark Zuckerberg 같은 억만장자들이 공식 석상에서 스웨터나 티셔츠에 운동화를 신고 등장하는 모습을 떠올려보라. "굳이 비싼 옷으로 포장하지 않아도 나는 충분히 대단한 사람이야"라는 무언의 자신감을 드러내는, 또 다른 형태의 과시이자 차별화 전략이다. 결국 스놉 효과든 빨간 운동화 효과든 핵심은 대중과 자신을 구분 짓고 싶어 하는 욕망이다.

본능에 새겨진 따라하기

명품 소비 연령이 낮아지고 있는 것은 성인에 비해 청소년이 미디어와 또래 집단의 영향에 훨씬 민감하기 때문인 것으로 볼 수 있다. 청소년은 SNS나 미디어를 통해 자신과 비슷한 또래의 아이돌, 셀럽, 인플루언서들이 명품을 착용한 모습을 접하면서 명품을 친근하게 느끼기 시작한다. 나아가 유명인이 착용하니 제품이 더 예뻐 보이고, 가지고 싶고, 만약 그걸 갖게 된다면 그들과 유사한 부류가 될 것 같은 기분이 든다.

학교에, 직장에 가보니 너도나도 명품 가방, 명품 지갑을 하나씩 들고 있는 것을 보게 된다. 그러면 나도 명품 하나쯤은 있어야 하지 않을까? 생각하게 되어 열심히 아르바이트를 해서, 월급을 모아 스스로에게 명품 하나쯤 선물해도 된다고 생각한다. 이처럼 다른 사람들이 다 명품을 구매하니까 따라 하게 되는, 이른바 군중 심리 현상을 밴드왜건 효과라고 한다. 실제로 2000년대 '노스페이스'라는 브랜드가 중·고등학생을 중심으로 유행했던 시절을 떠올려보면 청소년을 중심으로 밴드왜건 효과가 발생하기 쉽다는 것을 납득할 수 있을 것이다.

이러한 군중 심리는 사실 인간의 생존 본능과 깊은 관련이 있다. 원시 시대부터 인간은 생존을 위해 여럿이 협력해 맹수의 공격을 막아내고 사냥을 했다. 무리를 지어 살면 훨씬 안전하게 자신을 지킬 수 있으므로 생존 확률이 높아지기 때문이다. 그래서 우리는 본능적으로 남들을 따라서 할 때 안전함을 느낀다. 이를 양떼 효과라고 부른다.

하지만 무조건 남을 따라 하는 것이 항상 좋은 결과로 이어지는 것은 아니다. 20세기 초 윌리엄 비브라는 학자가 발견한 개미들의 이상 행동, '원형 선회' 현상을 다시 떠올려보자. 앞을 잘 못 보는 군대개미들은 바로 앞에 있는 개미가 흘린 화학 물질을 따라가는데, 선두 개미가 길을 잃고 원을 그리며 돌기 시작하면 뒤따르던 개미들은 영문도 모른 채 따르다 탈진해 죽고 만다. 남들이 사니까, 유행이니까, 다들 줄을 서니까 따라 사는 '오픈런'과 명품 열풍이 자칫 이 개미들처럼 맹목적인 원형 선회로 이끌고 있는 것은 아닌지 경계해야 한다.

진정한 플렉스는 무엇인가

몇 년 전, 힙합 경연 프로그램인 '쇼미 더 머니'를 통해 '플렉스 flex'라는 단어가 유행한 적이 있다. 1990년대, 미국에서 힙합이 유행하고 래퍼들이 부유해지면서 이들이 자신의 부나 귀중품을 과시하는 의미로 사용하기 시작했다고 한다. 즉 타인보다 우월해지고 싶고, 과시하고 싶은 인간의 본능적 욕망을 반영한 용어인 것이다. SNS의 활성화로 인해 과시가 쉬운 요즘 플렉스의 유행과 명품 소비량 증가는 잘난 척하고 싶고 과시하고 싶어 하는 사람들의 심리를 여실히 보여준다.

과소비를 조장하는 미디어와 사회적 분위기에도 문제가 있다. 하지만 남들과 달라 보이고 싶어서 더 비싼 물건을 찾는 스놉 효과나, 반대로 남들에게 뒤처지기 싫어서 무작정 따라 하는 밴드왜건 효과 모두 타인의 시선에 내 삶의 기준을 맡기는 행위다. 과시를 통해 얻을 수 있는 것이 과연 무엇인지, 타인보다 우월한 것처럼 보이기 위한 사치가 나에게 어떤 실질적인 이득을 가져다주는지 고민해 볼 시점이다.

구독이라는 거대한 늪

격렬하게 아무것도 안 하고 싶다

음원 사이트 구독 취소를 안 했더니 월 1만 원 이상의 금액이 무려 15년 동안 빠져나가고 있었다. 처음에는 무료 혜택이나 할인 혜택 때문에 가입했을 텐데 정상가로 전환된 지 한참이 지났음에도 그냥 두고 있었던 것이다. 매달 카드 명세서를 볼 때마다 '아, 취소해야지'라고 생각했지만, 막상 사이트에 접속해 해지 버튼을 찾는 과정이 귀찮아 '다음 달에 하지 뭐'라고 미루게 됐다. 이게 나만의 이야기일까? 온라인 서비스 기업 중 월 단위 과금 서비스를 제공하고 있다면 대부분 인간의 이러한 심리, 즉 '현상 유지 편향status quo bias'을 활용하고 있다고 보면 된다. 이는 말 그대로 현재의 상태를 계속 유지하고자 하는 편향으로 변화를 시도했을 때 얻을 수 있는 이득보다 변화로 인해 치러야 할 비용이나 손실을 더 크게 느끼기 때문에 발생한다. 우리는 이를 '귀차니즘'이라고 부른다.

보통 월 단위로 가격을 지불하게 되는 구독 서비스는 얼마간의 무료 서비스 기간을 거치게 된다. 처음 가입할 때는 '무료 기간 끝나기 전에 구독을 해지하면 되지'라고 생각한다. 그런데 구독료가 소액일 경우 무료 종료 시점을 기억했다가 해지할 정도로 부지런하고 계산 빠른 사람은 생각보다 많지 않다. 더구나 서비스에서는 "이제 유료로 전환되니 구독을 원하지 않으시면 지금 해지하세요"라고 친절하게 알려주지 않는다. 그렇게 되면 우리는 그냥 해지를 안 하고 놔두게 된다. 현재 상태에서 벗어나 무언가를 바꾸려면 인지적 노력이 필요한데, 우리 뇌는 본능적으로 에너지를 아끼기 위해 변화보다는 현상 유지를 택하기 때문이다.

피곤한 뇌는 변화를 거부한다

현상 유지 편향이 단순히 게을러서 발생하는 것만은 아니다. 우리의 뇌가 지치거나 결정을 내려야 할 사안이 복잡할수록 우리는 무의식적으로 현상 유지를 선택하게 된다. 이를 잘 보여주는 흥미로운 연구가 있다. 샤이 댄지거Shai Danziger 연구팀이 이스라엘 판사들의 가석방 심사 결과를 분석한 연구다. 판사들은 하루 3번 공판 세션을 진행하는데 각 세션 사이에는 두 번의 식사와 휴식 시간이 있다. 연구팀은 판사들이 피로를 느끼는 시점에 따라 판결이 어떻게 달라지는지 관찰했다.

결과는 놀라웠다. 아침 첫 공판이나 점심 식사 직후처럼 충분히 휴식을 취했거나 에너지가 충전된 상태에서는 판사들이 피의자의 사정을 꼼꼼히 따져보았고 가석방을 허가하는 비율이 약 65%에 달했다. 그러나 시간이 지나면서 판사들의 에너지가 고갈될수록 가석방 허가율은 급격히 떨어져 휴식 시간 직전에는 거의 0%에 가까워졌다.

피의자를 가석방한다는 것은 현 상태를 변회시키는 걸징이다. 이는 판사에게 더 많은 심사숙고와 책임감, 즉 인지적 에너지를 요구한다. 반면 가석방을 기각하고 감옥에 그대로 두는 것은 현상 유지에 해당한다. 판사들은 반복되는 결정으로 정신적 자원이 소진되자 복잡한 사고를 피하고 가장 안전하고 에너지 소모가 적은 현상 유지 선택인 기각 결정을 내리는 경향을 보인 것이다. 이처럼 엘리트 집단인 판사들조차 피로 앞에서는 현상 유지 편향에 굴복한다. 하물며 퇴근 후 지친 몸으로 스마트폰을 켜는 우리 소비자들이 구독 해지 버튼을 찾아 누르는 수고로움을 감수하기란 얼마나 어려운 일이겠는가.

선택을 조종하는 디폴트 옵션

마케팅에서 현상 유지 편향을 가장 교묘하게 이용한 기법이 바로 '디폴트 옵션default option(기본 설정)'이다. 디폴트 옵션이란 소비자가 별다른 의사 표시를 하지 않았을 때 자동으로 적용되는 선택지를 말한다. 이를 행동경제학에서는 '옵트 아웃opt-out' 방식이라고도 한다. 항목에 대한 반대 의사를 표현하기 위해서는 귀찮음을 무릅쓰고 직접 박스를 눌러서 체크를 해제해야 한다는 의미다. 반대로, 빈 체크 박스가 제시되어 내가 해당 항목에 동의한다는 의사를 체크 박스를 누르는 적극적인 행위를 통해 표현해야 하는 것을 '옵트 인opt-in'이라고 한다.

디폴트 옵션을 사용하여 장기 기증률을 높인 사례는 이것이 긍정적으로 사용된 대표적인 예다. 장기 기증에 동의하는 옵션을 디폴트, 즉 옵트 아웃으로 설정한 국가의 경우 국민이 적극적으로 장기 기증을 하지 않겠다는 의사 표현을 하지 않는 한 자동적으로 장기 기증에 동의하는 것이 된다. 실제 연구 결과 장기 기증을 옵트 아웃으로 설정한 국가의 장기 기증률이 직접 동의 의사를 밝혀야 하는 옵트 인 국가보다 훨씬 높은 것으로 나타났다.

최근 배달 어플들도 플라스틱 감축을 위해 "일회용 수저 포크 안 주셔도 돼요"라는 항목을 기본 설정으로 하고 있다. 일회용품이 필요한 사람은 귀차니즘을 무릅쓰고 해당 란에 표시된 체크 박스를 직접 눌러 해제해야 한다. 이는 현상 유지 편향을 이용한 좋은 넛지라고 할 수 있다.

하지만 기업들이 이 디폴트 옵션을 수익 창출을 위해 사용할 때는 이야기가 달라진다. 앞서 보았듯 영국 슈퍼마켓 테스코의 배달 구독 서비스 사례를 다시 떠올려보자. 테스코는 6개월 구독료를 한 번에 내는 '일시불 결제' 옵션에 기본적으로 체크 표시를 해두었다. 고객이 월별로 결제하고 싶다면 굳이 체크를 해제하고 다른 옵션을 선택해야 하는 수고를 해야한다.

아무 조치도 취하지 않고 '다음' 버튼을 누르면 기업에 유리한 일시불 결제가 진행된다. 이는 "바꾸기 귀찮으니 그냥 추천하는 대로 하지 뭐"라는 소비자의 현상 유지 편향을 정확히 파고든 전략이다. 또한 서비스 해지 시점에는 "지금 해지하면 6개월간 100파운드를 손해 볼 수 있습니다"라는 메시지를 노출해 현 상태를 유지하지 않으면 손실이 발생한다는 점을 강조하여 이탈을 막는다.

넷플릭스는 어떻게 우리를 중독시키는가

구독 경제에서 현상 유지 편향을 가장 극적으로 활용하는 곳은 넷플릭스 같은 OTT 플랫폼이다. 드라마 한 편이 끝나면 우리는 다음 화를 볼지 말지 결정해야 한다. 하지만 넷플릭스는 우리에게 고민할 시간을 주지 않는다. 5초 뒤면 자동으로 다음 화가 재생된다. '다음 화 보기'가 디폴트 옵션으로 설정되어 있기 때문이다.

뉴욕 대학교 애덤 알터Adam Alter 교수는 저서 《멈추지 못하는 사람들》에서 이를 '클리프행어cliffhanger 중독'과 연결 짓는다. 이것은 절벽에 매달린 듯 긴장감이 극대화된 순간에 이야기를 끊는 연출에 중독되는 것을 말한다. 이 방법은 드라마 흐름을 결정적인 순간에 끊어 다음 화의 내용을 궁금하게 만드는데, 넷플릭스의 자동 재생 시스템은 궁금증을 해소하기 위한 행동(재생 버튼 누르기)조차 필요 없게 만든다. 가만히 있으면(현상 유지) 드라마는 계속된다. 우리는 그저 소파에 누워 "진짜 딱 한 편만 더 보고 자야지"를 외치다가 밤을 새우게 된다. 이것이 바로 기술 기업들이 현상 유지 편향을 이용해 소비자를 서비스에 묶어두는 방식이다.

사람 마음을 흔들기로 유명한 홈쇼핑도 마찬가지다. 홈쇼핑의 쇼호스트가 "일단 받아보고 판단하세요. 30일 내에는 반품 가능합니다"라고 얘기할 때 분명 많은 사람이 반응한다. 그런데 과연 써보고 반품할까? 물론 제품이 마음에 들어서 안 하는 경우도 있겠지만 많은 경우 반품 절차가 귀찮아서, 즉 현상 유지 편향 때문에 그냥 쓰게 된다.

여기에는 '소유 효과endowment effect'도 함께 작용한다. 소유 효과란 내가 어떤 물건을 소유하게 되면 그 물건의 가치를 실제보다 높게 평가하는 심리를 말한다. 무료 체험 기간 동안 제품을 사용하면서 내 것이라는 애착이 생기면 반품하는 것을 일종의 '손실'로 인식하게 된다. 게다가 반품을 위해 수거 신청을 하고, 박스를 다시 포장해야 하는 귀찮음까지 더해지면 소비자는 결국 반품을 포기하고 구매를 확정하게 된다.

기업들은 고객이 무언가를 바꾸기보다 그냥 놔두는 편을 택한다는 사실을 너무나 잘 알고 있다. 그래서 가입은 클릭 한 번으로 손쉽게 만들고, 해지는 고객 센터에 전화를 하거나 복잡한 메뉴를 찾아 들어가게 만드는 '다크 패턴'을 설계하기도 한다. 그러면 이쯤에서 자신에게 질문을 던져보자. 내 통장에서 매달 빠져나가는 구독료가 나의 적극적인 선택의 결과인지, 아니면 그저 바꾸기 귀찮아서 유지하고 있는 현상 유지의 결과인지.

미래의 생존법

: 기술과 환경, 그리고 나를 지키는 심리학

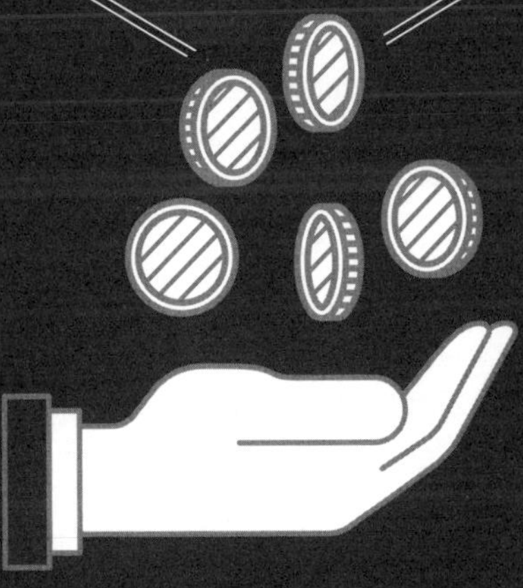

11장

AI와
알고리즘의
역습

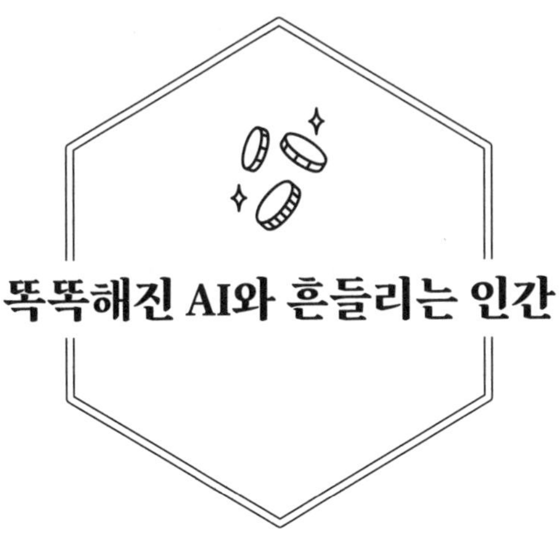

똑똑해진 AI와 흔들리는 인간

알파고의 충격에서 챗GPT의 일상으로

2016년 어느 날, 온 국민이 숨죽이고 지켜보던 세기의 바둑 대결에서 이세돌 9단이 패하면서 우리는 '알파고AlphaGo'라는 정체 모를 단어와 함께 인공지능AI을 접하게 되었다. 2022년 11월 30일, '챗GPT'가 세상에 등장하면서 사람들이 본격적인 흥미를 갖게 되었고 고작 3년 만에 AI가 없으면 숙제를 못 하는 학생들, 업무를 못 하는 직장인들을 흔히 볼 수 있게 되었다.

과거를 돌아보면 한국에 스마트폰이 처음 등장한 2009년 말 이후 불과 몇 년 만에 거의 모든 사람이 지하철에서 하나같이 스마트폰을 들여다보고 있는 그 변화만큼이나 AI는 빠르게 우리 삶 속으로 들어오고 있는 느낌이다. 물론 아직 IT 기기나 새로운 기술 변화에 익숙하지 않은 세대들에게까지 파고들었다는 느낌은 없지만, 스마트폰만큼 일상의 변혁을 일으킬 것이라는 전망이 우세하다.

이러한 AI 발전으로 인한 변화는 각자가 처해 있는 환경, 직업, 가치관에 따라 사뭇 다르게 다가올 것이다. 인문학자라면 'AI가 과연 어디까지 인간과 소통할 수 있는가', 혹은 'AI도 인간처럼 마음을 가질 수 있는가'를 고민할 것이다. 작가라면 '글쓰기가 쉬워질까, 아니면 AI가 나를 대체할까'라는 생각을 하지 않을까 싶기도 하다. 코딩을 하는 프로그래머라면 '혹시 직업을 잃게 되지는 않을까?' 심각하게 고민할 것이다.

신성장 동력, 아니면 갈등의 씨앗

경제를 연구하는 사람들은 AI가 가져올 생산성 변화, 부의 격차, 일자리 감소 등 거시적 경제 변화에 대해 많은 생각을 할 텐데 최근 기사들을 보면 생각이 많이 나뉘는 모양새다.

우선 낙관적인 입장을 살펴보자. 2025년 노벨경제학상 수상자인 조엘 모키르Joel Mokyr, 필립 아기옹Philippe Aghion, 피터 하윗Peter Howitt 교수는 기술 발전과 혁신이 경제 성장을 견인한다는 '신성장이론new growth theory'을 지지한다. 이 이론의 핵심은 인간의 지식, 기술, 아이디어가 성장의 원동력이라는 점이다. 특히 하윗 교수는 조지프 슘페터Joseph Alois Schumpeter의 '창조적 파괴'를 수학적으로 증명하면서 AI 같은 기술 혁신이 낡은 것을 파괴하고 새로운 성장을 이끌어낼 것이라고 본다. 대표적 비관론자로 알려진 누리엘 루비니Nouriel Roubini 교수조차 AI에 대해서는 이례적으로 긍정적이다. 그는 AI 기술 발전으로 미국 경제가 2020년대 말까지 4~5% 성장, 2020년대 이후에는 8%까지 성장할 수 있다고 전망했다.

반면 비관적인 시각도 만만치 않다. 2024년 노벨경제학상 수상자인 대런 아세모글루Daron Acemoglu는 AI로 인한 미국의 GDP 성장은 1%에 그칠 것이라고 주장한다. 현재의 낙관론은 작업 시간 감소 등 눈에 보이는 혜택만 계산했을 뿐, 이면에 있는 복잡한 파급 효과는 보지 못했다는 것이다. 하윗 교수 역시 성장의 가능성은 인정하면서도 "AI는 엄청난 갈등을 낳을 것이고 많은 사람이 일자리를 잃을 것이다. 이 갈등의 규제가 필요하다"라며 기술 발전의 그림자를 경계했다.

미래학자 레이 커즈와일Ray Kurzweil은 2045년이 되면 AI가 인간의 지능을 뛰어넘는 '특이점singularity'이 올 것이라 예언하며 기술이 인류의 문제를 해결해 줄 것이라 믿는다. 하지만 그 과정에서 발생할 일자리 감소와 양극화는 피할 수 없는 현실이다. 자율 주행 차량이 상용화되면 교통사고 감소, 대기

오염 완화 등 사회적 혜택은 분명하다. 그러나 운전을 업으로 하는 수많은 사람들의 실직과 그들의 가족은 생존의 문제로 다가온다. 일자리는 단순한 월급 이상의 가치, 즉 생활의 자신감과 삶의 태도를 결정짓는 중요한 요소이기 때문이다.

소음 없는 AI와 흔들리는 인간

경제적 전망을 넘어 판단과 의사 결정 영역에서 인간과 AI의 대결은 어떤 양상이 될까? 의사 결정 체계와 방식에 대해 항상 고민하는 행동경제학자에게 인간과 AI 중 누가 더 올바른 결정을 할 수 있는지에 대해 묻는다면 답변은 단호하다. 대니얼 카너먼은 "반드시 AI가 이긴다. 상대가 되지 않는다"라고 단언했다. 왜 그럴까? 인간의 판단에는 편향뿐만 아니라 '잡음'이 섞여 있기 때문이다.

카너먼은 《노이즈》에서 잡음을 '수준 잡음level noise'과 '상황 잡음occasion noise'으로 구분한다. 수준 잡음은 판사마다 성향이 달라 같은 사건에 대해 다른 형량을 선고하는 것을 말한다. 어떤 판사는 엄벌주의 성향이라 형량이 높고, 어떤 판사는 온정주의 성향이라 형량이 낮다. 이는 '복불복' 재판을 만든다.

더 심각한 것은 상황 잡음이다. 한 명의 판사가 내리는 판단조차 상황에 따라 그때그때 달라진다는 것이다. 앞서 살펴보기도 한 샤이 댄지거 연구팀의 이스라엘 판사를 대상으로 삼은 유명한 실험이 이를 증명한다. 판사가 피로하고 허기를 느끼면 심사숙고하는 '시스템 2' 대신 직관적이고 에너지를 덜 쓰는 '시스템 1'을 사용하기 때문이다. 복잡하게 따져보지 않고 현상 유지를 선택하는 것이 뇌 입장에서는 편하기 때문이다.

반면 AI는 지치지도 않고 배고픔도 느끼지 않는다. 어제 내린 판단과 오늘 내리는 판단이 다르지 않으며, 오전과 오후의 컨디션 차이도 없다. '잡음'이 없는 것이다. 심지어 오픈 AI는 GPT-4가 미국 변호사 시험uniform bar exam, UBE에서 합격선을 넘어섰으며, 약 298점을 받아 응시자 중 상위 10%에 해당했다고 발표했다. 특히 객관식에서 75.7%의 정답률을 기록하며 평균(68%)을 웃돌았고, 계약법(88.1%)과 증거법(85.2%)에서 높은 점수를 기록했다. 이제 AI는 법률 지식과 판례 학습 면에서도 인간을 압도하기 시작했다는 뜻이다.

공정함이라는 가면

그렇다면 AI 판사는 완벽할까? AI는 잡음이 없지만, 편향은 가질 수 있다. 왜냐하면 AI가 학습하는 데이터 자체가 인간이 만들어낸 편향된 역사이기 때문이다.

아마존의 사례가 이를 잘 보여준다. 아마존은 AI를 활용한 자동 채용 프로그램을 개발하려 했지만 결국 폐기했다. 아마존은 이 프로젝트를 위해 AI에게 과거 10년치의 이력서 데이터를 학습시켰는데 IT 업계 특성상 지원자 사례는 남성이 압도적으로 많았다. AI는 이 데이터를 분석한 결과 '남성 지원자가 더 적합하다'라는 편향된 패턴을 스스로 도출해내 여성 지원자에게 불이익을 주거나 '여성'이라는 단어가 포함된 이력서를 감점 처리해버린 것이다. AI는 데이터에 담긴 인간의 차별과 편견까지 충실하게 학습해버렸다.

만약 AI 판사가 과거의 판결 데이터를 학습한다면 어떻게 될까? 과거에 특정 인종이나 계층에게 불평등했던 판례가 많았다면 AI는 그것을 정답으로 인식하고 똑같이 차별적인 판결을 내릴 수 있다. 인간 판사는 '이 판례는 과거의 잘못된 관행이다'라고 성찰해 판경 방향을 수정할 수 있지만, 알고리즘은 입력된 데이터의 패턴을 충실히 따를 뿐이다. 즉, AI는 잡음 없이 '일관되게 편향'될 수 있는 위험성을 안고 있나.

우리가 준비해야 할 것은

행동경제학자들은 AI가 더욱 발달하고 많이 사용되는 시점에서 인간이 AI와 어떻게 공존할 것인가에 주목한다. 인간은 누구나 고독감에 휩싸이고, 간혹 불안감에 어떤 행동을 해야 할지 모르는 존재다. 앞으로 누구와 대화를 더 많이 할까? 카이스트의 뇌과학자 김대식 교수는 "짜증 내지 않고, 지치지도 않으며, 항상 친절하게 대답하는 AI가 지금까지 우리가 생각해 온 '진정한 친구'의 자리를 대체할 가능성이 매우 높다"라고 말했다. 인간 관계에서마저 AI가 점점 파고드는 세상이 오고 있다.

우리는 적어도 두 가지를 경계해야 한다. 첫째, 인간이 AI를 신격화하고 무조건적으로 믿고 따르는 편향이다. AI의 알고리즘을 만드는 데는 결국 불완전한 인간이 관여한다는 것, 그리고 AI가 학습하는 정보는 이미 인간의 편향이 묻어 있는 데이터라는 점을 잊지 말아야 한다. 둘째, 효율성이라는 이름으로 인간 고유의 고뇌를 포기하는 것이다.

재판을 예로 들면, 사건의 사실 관계 확인이나 유사 판례 검색 같은 기계적 고찰 업무는 잡음 없는 AI에게 맡기는 것이 효율적일 수 있다. 하지만 그 결과를 바탕으로 최종 판단을 내리고, 그 판단이 한 사람의 인생에 미칠 영향에 대해 고뇌하며, 억울한 사람이 없도록 숙고하는 역할은 여전히 인간의 몫으로 남겨둬야 하지 않을까. 효율성보다는 정확성과 인간다움이 우선인 의사 결정에서는 특히 그렇다. AI는 답을 주지만, 그 답을 얻기 위해 질문을 던지고, 결과에 책임을 져야 하는 것은 여전히 인간이다.

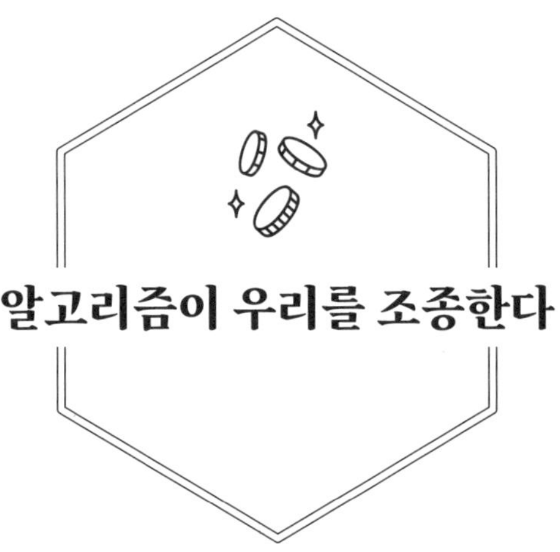

알고리즘이 우리를 조종한다

서점 앱의 배신

네기 기장 많이 실행하는 앱 중에는 온라인 서점 관련 앱이 포함되어 있다. 아무래도 강연을 하고 글을 쓰는 것을 직업으로 하는지라 많은 책을 읽고 참조할 수밖에 없다. 물론 구매한 책을 처음부터 끝까지 다 읽지는 못한다. 대체로 내가 구매한 책의 3분의 1 정도는 완독하고, 반도 못 보는 책도 부지기수다. 이유는 단 하나다. 책을 5분의 1 정도 읽다 보면 이 책에서 주장하는 내용과 글을 쓰는 솜씨 그리고 주장이든 줄거리든 그것을 뒷받침하는 탄탄한 전개가 얼추 들어오기 나름이라 더

읽을 필요가 없다는 판단 때문이다.

그런데 요즘 책을 구입하면 완독하는 비율이 점점 떨어진다. 그만큼 책의 선택이 나와 맞지 않는다는 의미인데 내가 추측하는 가장 큰 원인은 알고리즘 때문이다. 책을 구매할 때는 습관적으로 서점 앱부터 실행한다. 그러면 앱 화면의 대부분 영역은 광고 중인 책에 대한 내용, 서점에서 진행 중인 이벤트에 참여하는 책들이 전면에 우선적으로 배치되어 있다. 그 다음에 볼 수 있는 화면에는 내가 관심을 가질 만한 책들이 노출된다. 이렇게 보여주는 알고리즘이 뭔지는 사실 잘 모르겠다. 회사 내부에서 추천 알고리즘을 담당하는 사람들만 알 텐데, 아마도 나와 같은 연령대 혹은 과거에 내가 구입한 책을 샀던 다른 사람들이 같이 구매했던 다른 책을 알려주는 알고리즘이 기본일 듯하다.

사람은 누구나 시스템 2(숙고 시스템)가 자주 작동하는 게으름을 가지고 있는 터라 이렇게 제공하는 추천 도서를 보면 그 책에 눈길이 더 가게 되고 언뜻 본 그 책을 구입까지 하게 될 확률이 높다. 최근 느끼는 싫은 감정은 여기에서부터 나온다.

예전에 내가 책을 구입했던 과정은 이렇다. 우선 주제에 맞는 키워드를 검색하고 거기에 나오는 책을 최신순 혹은 인기순으로 정렬한 후 관심이 가는 책을 하나하나 검토했다. 작가의 약력, 이전에 쓴 책들, 책의 주요 주제와 목차까지 꼼꼼하게 검토하고 책을 선택했다. 그것도 미덥지가 않아 책 목록을 꼼꼼하게 체크한 후 오프라인 서점으로 가서 책의 내용 일부라도 직접 확인한 후 구입했다.

그런데 서점 앱의 알 수 없는 알고리즘 때문에 이 모든 과정이 싹 생략되었다. 나도 모르게 추천을 받은 책을 습관적으로 구입하게 되니 이전의 꼼꼼함이나 치밀함은 다 사라지게 되었다. 결국 읽다가 중간에 그만두는 책들만 쌓이게 된 것이다. 과정이 힘들지만 올바른 선택을 했던 과거와 달리 쉬운 과정을 통해 잘못된 선택을 했던 경우가 늘어나고 있다. 편리함과 바름의 등가 교환이 이루어진 셈이다.

승자 독식의 세계

나의 올바른 선택을 저해하는 추천 알고리즘은 알고리즘 자체의 문제일까? 아니면 알고리즘 설계가 정교하지 못해서일까? 데이비드 섬프터David Sumpter는 《알고리즘이 지배한다는 착각》에서 여러 글로벌 빅테크 기업의 추천 알고리즘도 결과는 똑같다는 것을 보여준다.

그는 아마존에서 과학과 수학으로 유명한 저자 25명의 책을 가지고 추천 알고리즘에 의해 어떤 결과가 나오는지 설명한다. 섬프터는 최초 소비자가 무작위로 책 두 권을 동등한 확률로 선택하게 한 후 그 다음 소비자부터 계속 추가 구매를 하는 것으로 실험을 설계했다. 최초 20건의 구매까지는 대체로 저자별로 고른 구매가 나타나는 것으로 보인다. 그런데 구매 건수가 500건이 되었을 경우에는 사뭇 다른 결과가 나타난다. 상위 5명의 총 판매 부수가 나머지 20명의 총 판매 부수와 비슷하게 되었는데 이는 추천 알고리즘이 얼마나 위험한지를 보여주는 사례이다.

소비자들은 얼마나 좋은 책인지 고려해 구매하지 않고 알고리즘에 의해 책을 구매하면서 소비자들의 편익도 해치게 되고, 알고리즘에 의해 선택되어진 일부 저자의 책에 구매 쏠림 현상이 벌어지니 대다수 저자의 편익도 해치게 된다. 책들의 수준이 유사하다고 가정했을 때 책의 우수성과 상관없이 많은 책이 사장되는 결과가 나올 수도 있는 것이다. 이는 알고리즘이 주는 극단적인 폐해이다. 아마존 외에 추천 알고리즘으로 지금의 자리에까지 오르게 된 넷플릭스, 유튜브에서도 유사한 결과를 볼 수 있으리라 생각된다.

나만의 감옥에 갇히다

이러한 알고리즘의 문제는 단순히 책이나 영상을 고르는 문제를 넘어 사회적 갈등과 분열을 조장하는 심각한 문제로 확장된다. 우리는 페이스북, 인스타그램, 유튜브 등으로 타인과 소통하는 것에 익숙해져 있는데 여기에는 '매칭'이라는 핵심 개념이 포함되어 있어서 누군가와 자연스럽게 연결되고 노출되며, 자신을 주목받게 만드는 빅테크 기업들의 노하우가 그대로 적용된다. 그런 기술의 향연 앞에 사람들은 확증 편향에 사로잡히고 결국은 필터 버블에 갇히고 만다.

필터 버블은 사용자의 정보에 기반하여 웹사이트 알고리즘이 선별적으로 어느 정보를 사용자가 보고 싶어 하는지를 추측하며, 그 결과 사용자들이 자신의 관점에 동의하지 않는 정보로부터 분리되게 되어 자신만의 문화적, 이념적 거품에 가둬지는 현상을 의미한다.

예를 들어 유튜브에서 특정 정치 성향의 영상을 몇 번 시청했다고 가정해보자. 알고리즘은 귀신 같이 내가 좋아할 만한 비슷한 성향의 영상들만 줄기차게 추천해준다. 내 생각과 반대편에 있는 논리나 객관적인 사실을 담은 영상은 내 추천 목록에서 사라진다. 결국 나는 내가 보고 싶은 세상, 나의 편견을 강화해 주는 정보에만 둘러싸이게 된다. 이것이 바로 필터 버블이다.

메아리 방의 비극

필터 버블 안에서 사람들은 끼리끼리 뭉치며 더욱 극단화된다. 이를 설명하는 개념이 반향실 효과다. 반향실에 들어선 사람들은 메아리로 울려지는 자신의 목소리만을 반복하여 듣는다. 이처럼 자신이 지닌 견해를 강화하는 정보만 반복적으로 접하게 되어 극단적인 견해를 지니게 되는 현상이 네트워크에서 빈번하게 일어난다.

나를 둘러싼 주변 사람의 의견은 사실 나의 과거 의견을 반영할 수도 있는데 그렇다면 네트워크에서 나와 나의 주변 사람들이 행하는 반복적인 논의를 통해 얻는 정보는 사실 내 의견의 메아리가 그 안에 속해 있게 된다. 우리는 같은 무리 속에서 네트워크 상 의견을 나누면서 확신을 가지게 되는데, 이것은 결국 내 견해를 대화라는 과정을 한번 거쳐서 다시 나에게 확신시켜주는 과정일 뿐이다.

여기서 추가적으로 고려해야 할 것이 바로 앞에서도 살펴보았던 '이중 계산 효과'이다. 여럿의 의견이 하나로 모이는줄 알았지만, 실상 1명 혹은 2명의 의견에 불과한데 네트워크에서 이중, 삼중으로 계산되어 마치 다수의 의견인 것처럼 부풀려진 것이다. 이렇게 몇몇 의도를 가진 유튜버의 정보가 메아리 방 효과, 이중 계산 효과, 확증 편향 등을 거쳐 한 집단의 공통 의견을 형성하게 되고, 이것이 집단의 극단화로 이어진다.

사실 이러한 기술 기업들의 연결 알고리즘은 그들의 주요 비즈니스 모델인 광고 수익과 직결되어 있다. '좋아요'를 더 많이 획득하고, 플랫폼에 더 오래 머무르게 하기 위해 자극적이고 편향된 콘텐츠를 끊임없이 추천한다. 실제로 한때 페이스북은 신뢰성이 낮은 웹사이트가 노출되지 않도록 알고리즘을 변경했을 때 가짜 정보가 유통되는 현상이 확 줄었던 적이 있었다. 그러나 선동적이고 자극적인 메시지를 덜 보았을 때 사람들이 페이스북에서 머무르는 시간이 줄어들었다는 것을 확인하고 페이스북은 다시 원래 알고리즘으로 돌렸다고 한다.

알고리즘을 개발한 것도 인간이고, 여기에 자정의 기능을 부여할 수 있는 것도 인간이다. 개인적으로 편향성을 굉장히 싫어하는 편이다. 지금까지의 빅테크 기업들이 고객이 생각하지 않도록 만드는 편리성을 제공해서 성공해왔다면 앞으로는 다양성과 편리성 중에서 고객이 선택하게 하면 어떨까 싶다. 이를테면 "다양하게 콘텐츠를 보시겠습니까"라는 항목을 선택하면 내가 선택한 콘텐츠와 유사한 콘텐츠와 더불어 그와 다른 설명을 하는 콘텐츠를 동일하게 보여주는 방식 말이다. 편리함 뒤에 숨겨진 조종당하는 느낌, 이제는 거부할 때가 되었다.

12장

스마트폰에 갇힌 뇌

우리는 왜 멈추지 못하는가

중독의 재정의

중독과 관련하여 행동경제학 관점에서 관심을 가져야 할 주제, 바로 행동 그 자체에 대한 중독을 소개하고자 한다.

중독이란 단어의 개념에 대해서 학술적으로 다양한 정의가 존재하지만, 보건복지부에서 정의하는 중독은 유해 물질에 의한 신체 증상인 중독intoxication(약물 중독)과 알코올, 마약과 같은 약물 남용에 의한 정신적인 중독이 주로 문제되는 중독addiction(의존증)을 동시에 일컫는다. 의학적 정의로는 알코올, 카페인, 필로폰 등의 각종 마약의 남용과 그에 따른 신경학적 변화로 유발되는 상태를 가리킨다. 기존에는 신체에 물질이 들어가야 일어나는 상태를 의미했다면 지금은 물질에 대해 정신적으로 의존하는 것까지 의미를 확대했다고 볼 수 있다.

이러한 중독의 개념은 최근 들어서 '행위 중독'까지 확장되었는데 우리가 흔히 쓰는 쇼핑 중독, 음식 중독, 컴퓨터 중독 등을 떠올리면 이해하기 쉽다. 최근 연구에 따르면 도박과 같은 행위 중독이 헤로인을 투입한 마약 중독과는 다른 메커니즘으로 작용할 수 있다는 가설을 깨뜨리고 뇌의 동일한 보상 중추를 활성화시킨다는 것이 증명되었다. 흔히 많이 들어본 도파민이라는 물질이 분비되어 강렬한 쾌감을 일으키는 것이다. 즉 어떤 행위에 대해 보상을 받게 된다는 조건 하에서는 뇌는 그러한 행위를 마약과 다름없이 취급한다는 애기이다. 단, 규모와 강도는 마약류가 훨씬 더 셀 뿐이다.

비둘기와 좋아요 버튼

행위 중독과 관련해 최근 나의 흥미를 끌어당긴 책이 하나 있다. 애덤 알터 교수의 《멈추지 못하는 사람들》로 'The rise of addictive technology and the business of keeping us hooked(중독을 설계하는 기술의 등장 그리고 우리를 놓아주지 않는 비즈니스)'이라는 부제에서 볼 수 있듯 과학 기술의 발달, 주로 태블릿 PC와 스마트폰으로 인한 행위 중독이 많은 부분을 차지하고 있다. 저자는 행위 중독의 원인을 심리학적 실험과 이론을 바탕으로 자세히 묘사하고 있다.

우선 행위 중독을 하게 되는 원인 중 하나로 '피드백 중독'을 꼽을 수 있다. B. F. 스키너Burrhus Frederic Skinner 교수는 비둘기를 대상으로 한 실험에서 버튼을 부리로 쪼을 때마다 먹이가 쏟아지는 상황과 버튼을 부리로 쪼을 때마다 불규칙하게, 즉 어떤 때는 주고 어떤 때는 안 주고, 혹은 많이 주거나 적게 주는 등 보상을 예측할 수 없게 했을 상황을 비교했다. 그 결과 예상과는 달리 먹이를 불규칙하게 줄 때 쪼는 횟수가 두 배로 증가했다는 것을 알았다. 마치 인간이 도박의 불확실성에 이끌리듯이 말이다.

그 후로 수십 년 가까이 시간이 흐른 후에 페이스북은 '좋아요'라는 버튼을 실험해보고 이를 반영했다. 마치 비둘기처럼 사람들은 자신들의 행위를 페이스북에 올려놓고 타인의 반응을 갈구하게 되었다. 페이스북에 게시물을 작성하는 사람들은 '좋아요'라는 코카인에 중독되어 반응이 없으면 금단 현상을 보이며 더 자극적인 게시물을 올리는데, 바로 그 모습은 부리로 버튼을 쪼던 스키너의 비둘기와 다르지 않다.

멈출 수 없는 드라마의 비밀

우리가 넷플릭스나 유튜브를 보다가 밤을 새우게 되는 이유도 행동경제학적으로 설명할 수 있다. 여기에는 '클리프행어 중독'과 '자이가르닉 효과Zeigarnik effect'가 강력하게 결합해 있다. 클리프행어는 절벽에 매달린 것처럼 결말을 도저히 알 수 없는 상태를 일컫는데, 예를 들면 어떻게 끝날는지 알 수 없도록 만드는 다양한 체험, 어떻게 마무리될지 상상하기 힘는 열린 결말 등이 있다.

여기에 불을 지피는 심리 기제가 바로 '자이가르닉 효과'다. 러시아 심리학자 블루마 자이가르닉Bluma Zeigarnik은 식당 웨이터가 주문 완료 전까지는 복잡한 주문 내용을 완벽히 기억하다가도 서빙이 끝나면 순식간에 잊는 현상을 발견했다. 연구 결과 사람들은 성취된 과업보다 미완료 과업을 훨씬 더 잘 기억하고, 끝내지 못한 일에 계속 마음을 쓰는 것으로 나타났다. 수학 시험이 끝나도 풀지 못한 문제가 머릿속을 맴노는 것처럼 말이다.

넷플릭스 같은 OTT 서비스는 이 심리를 정확히 파고든다. 주인공이 절체절명의 위기(클리프행어)에 빠진 상태에서 드라마의 한 회를 끝내 이야기를 미완성 상태로 만든다. 그러면 우리 뇌는 자이가르닉 효과에 의해 결말을 확인하고 과업을 완성하고 싶은 강렬한 욕구를 느낀다. 여기에 '다음 화 자동 재생' 시스템이 결합하면 우리는 의지력을 발휘할 틈도 없이 다음 편을 보게 된다.

미국의 소셜 커머스 사이트 길트Gilt 역시 예고 없는 할인과 마감 시간 임박 공지로 쇼핑 결과를 예측할 수 없는 클리프행어 상황을 만들어내 사용자들이 끊임없이 새로고침을 누르는 중독 상태로 몰아넣는다.

스마트폰이 만든 좀비

기술 발전이 가져온 행위 중독은 우리의 식사 시간마저 잠식했다. 최근 혼밥족이 늘어나면서 식사를 할 때 스마트폰으로 영상을 시청하는 경우가 많아졌다. 그런데 행동경제학 관점에서 볼 때 다이어트를 원한다면 식사 중 영상 시청은 피하는 것이 좋다. 먹는 행위는 본능적인 행동이기 때문에 다른 행위와 동시에 멀티 태스킹을 하게 되면 먹는 행위 자체가 자동 조종 모드로 들어가게 된다. 이렇게 되면 먹고 있다는 인식을 제대로 하지 못하게 되어 충분히 음식을 섭취한 상황에서도 배부름을 인식하지 못하게 된다. 영화관에서 영화에 몰입하다 보면 팝콘 한 통을 순식간에 비우고도 자신이 얼마나 먹었는지 깨닫지 못하는 것과 같은 이치다.

먹방을 보면서 밥을 먹는 것은 최악이다. 식욕은 시각과 청각에 매우 민감하게 반응하는데 스마트폰 속 화려한 음식 영상과 소리는 끊임없이 식욕을 자극한다. 결국 기술에 중독된 뇌는 포만감 신호를 무시하고 과식을 유도해 비만이라는 결과를 초래한다. 스마트폰은 우리의 뇌를 '생각 없이 먹는 좀비'로 만들고 있는지도 모른다.

목표의 노예가 된 현대인

피드백과 미완성 과제뿐만 아니라 '목표'에 대한 중독도 우리를 멈추지 못하게 한다. 사람은 목표가 지닌 막강한 힘 때문에 달성하고자 하는 목표를 설정하면 달성하기 위해 온갖 힘을 쏟게 된다. 특히 최근은 전례 없는 목표 지향성 문화의 시대에서 살고 있기 때문에 이 문제는 더 위험하다.

알터 교수의 연구에 따르면 1900년에는 '목표 추구', '완벽주의' 같은 단어가 책 1000권 당 1권 정도에서 쓰였는데, 오늘날에는 20권당 1권 꼴로 쓰인다고 한다. 목표 지상주의 시대에서는 누구나 목표를 달성하라고 부추기고, 사람들은 목표를 달성하기 위해 쉬지 않고 노력해야 하는 강박 관념을 지니게 된다. 그리고 목표를 달성하면 만족하는 것이 아니라 또 새로운 목표를 찾아 헤매게 된다. 스마트 워치가 "오늘의 걸음 목표를 달성하세요"라고 끊임없이 알림을 보내는 세상에서 우리는 목표 그 자체에 중독되고 있다.

행동 중독의 요소에는 자신의 실력이 향상되고 있다는 느낌을 주는 '향상progress'과 한 단계씩 난이도를 거듭해 올리며 도전하게끔 만드는 '단계적 확대escalation'도 있는데 가장 대표적인 예로 테트리스와 같은 게임이 있다. 게임 개발자들이 많이 노력하는 부분인데 게임 이용자들이 아주 안타깝고 아깝게 실패하도록 만드는 것이 핵심이다.

그렇다면 기술과 행위 중독의 늪에서 우리는 무력하기만 한 것일까? 행동경제학은 이 중독의 메커니즘을 역이용해 좋은 습관을 만드는 방법을 제안한다. 바로 '유혹 묶음temptation bundling'이다. 와튼 스쿨의 캐서린 밀크먼Katherine Milkman 교수는 운동을 하는 사람들이 해야만 하는 일(운동)은 미루고 하고 싶은 일(오디오북 듣기)에만 몰두한다는 점에 착안했다. 그는 실험을 통해 참가자들이 헬스장에서 운동을 할 때만 재미있는 오디오북을 들을 수 있게 했다. 실험 결과는 놀라웠다. 사람들은 오디오북의 다음 내용이 궁금해서, 즉 도파민이 주는 쾌락을 얻기 위해 자발적으로 체육관을 찾았다. '하고 싶은 행동'이 주는 중독적인 보상을 '해야 하는 행동'과 묶음으로써 행동 변화를 이끌어낸 것이다.

신경과학자 앤드루 도언Andrew Doan 박사는 중독성 있는 게임의 세 가지 결정적 요소로 몰입, 성취감, 사회적 요소를 꼽았다. 기술은 점점 더 정교하게 이 요소들을 활용해 우리의 도파민을 자극하고 있다. 우리가 왜 멈추지 못하는지를 이해했다면 이제는 그 원리를 이용해 나를 지키는 설계를 시작해야 할 때다.

검색하면 다 알 수 있다는 착각

지퍼의 작동 원리를 아십니까

사람들은 특정 주제에 대해 잘 알고 있다고 착각하다가 설명을 해보라고 하면 그제야 자신의 무지를 깨닫게 된다. 이처럼 설명해보기 전까지 자기가 실제로 아는 것보다 훨씬 더 많이 안다고 착각하는 현상이 앞서 살펴본 '설명 깊이의 착각'이다.

이 개념은 무지에 관한 2002년의 연구로부터 시작됐다. 예일 대학교의 레오니드 로젠블릿과 프랭크 케일은 실험 참가자들에게 1(매우 모호함)부터 7(매우 세부적임)의 척도로 당신의 지퍼가 작동하는 방식을 얼마나 잘 이해하는지를 답하게 했다. 그리고 두 번째 단계에서는 지퍼가 작동하는 과정의 단계를 최대한 자세하게 기술하라고 했으며, 마지막 세 번째 단계에서는 처음과 같은 질문인 지퍼가 작동하는 방식을 얼마나 잘 이해하는지 다시 평가하게 했다. 결과는 어땠을까? 실제로 지퍼 작동 원리를 최대한 자세하게 기술하라는 두 번째 단계를 거치게 되자 참가자들은 스스로 얼마나 무지했는지를 깨달으면서 자신의 이해도 점수를 1점에서 2점이나 낮추는 결과가 나왔다.

이후 속도계, 피아노, 변기, 헬리콥터 등 다양한 대상으로 실험한 결과 역시 같았고, 사람들이 가진 신분과 아무 상관이 없다는 결과 또한 나왔다.

극단적 주장이 사라지는 마법

더욱 흥미로운 점은 이러한 착각이 물리적인 도구에만 국한되지 않는다는 것이다. 로젠블릿과 케일은 연구 범위를 확장해 세금 정책이나 기후 변화, 유전자 조작 같은 복잡한 사회 문제에서도 실험을 진행했다. 사람들은 자신이 지지하는 정치적 견해나 정책에 대해 매우 잘 알고 있다고 확신한다. "탄소세 도입은 경제를 망칠 것이다"라거나 "기본소득이 유일한 대안이다"라고 강력하게 주장한다.

하지만 연구진이 그들에게 그 정책이 구체적으로 어떤 단계를 거쳐 경제에 영향을 미치는지 인과 관계를 설명해보라고 요청하자 상황이 달라졌다. 사람들은 설명을 시도하면서 자신이 그 정책의 메커니즘에 대해 거의 알지 못한다는 사실을 깨달았다. 지퍼의 원리를 설명하지 못해 쩔쩔맸던 것처럼 자신이 강력하게 지지하거나 반대하던 정책의 세부 내용에 대해 말문이 막힌 것이다.

놀라운 점은 설명을 시도한 후 사람들의 태도가 변했다는 것이다. 자신의 무지를 자각한 실험 참가자들은 극단적인 주장을 철회하고 자신의 견해를 보다 온건하게 수정했다. 결국 사람들은 무엇을 설명하기 전까지는 무언가에 대해 매우 잘 이해한다고 생각하지만 실제로 설명해 본 뒤에는 자신이 얼마나 조금 아는지를 깨닫게 되며 생각이 달라진다. 우리가 정치적 논쟁에서 목소리를 높이는 이유는 많이 알아서가 아니라 자신이 모른다는 사실을 모르기 때문일지도 모른다.

스마트폰이 만든 가짜 지식

진화적인 관점에서 보면 사람들이 복잡한 세상에서 실제보다 더 많이 알고 있다고 생각하며 살아가는 모습은 자신감 있게 행동하게 만들어 생존에 유리했을지도 모른다. 그런데 오늘날에는 사람들이 자신을 실제보다 똑똑하다고 여기게끔 만드는 강력한 매개체가 하나 더 있다. 바로 인터넷과 스마트폰이다.

무지에 관한 연구를 시작한 케일과 제자인 매튜 피셔 Matthew Fisher 등의 연구진이 2015년 발표한 연구에 따르면 인 터넷으로 정보를 검색하게 되면 자신의 지식이 실제보다 훨씬 더 풍부하고 방대하다고 착각한다고 한다.

연구진은 실험에서 한 그룹은 인터넷 검색을 통해 질문에 답하게 하고, 다른 그룹은 검색 없이 답하게 했다. 그후 전혀 다른 주제에 대해 자신이 얼마나 잘 설명할 수 있을지 예측하 게 했는데 인터넷 검색을 했던 그룹은 자신의 지식 수준을 훨 씬 높게 평가했다. 그들은 온라인에 존재하는 방대한 지식과 자신의 머릿속에 있는 지식을 혼동한 것이다. 검색만 하면 언 제든지 알 수 있는 정보에 접근할 수 있다는 사실이 내 머릿속 에 그 지식이 저장되어 있는 것처럼 느끼게 만든다.

스마트폰을 손에 쥐고 사는 오늘날의 우리는 이전의 인류 보다 설명 깊이의 착각에 훨씬 깊게 빠져 있다. 하지만 막상 인 터넷 연결이 끊기면 우리는 그 지식에 대해 단 한마디도 설명 하지 못하는 자신을 발견하게 된다.

개소리의 향연

설명 깊이의 착각에 빠진 채 인터넷의 지식을 내 지식인 양 착 각하는 사람들이 많아지면 우리 사회는 이른바 '개소리'로 넘 쳐나게 된다. 미국의 저명한 도덕철학자 해리 프랭크퍼트Harry

Frankfurt는《개소리에 대하여》에서 개소리는 거짓말보다 더 나쁘다고 주장했다. 거짓말쟁이는 적어도 진실이 무엇인지 알고 있으며 그 진실을 감추기 위해 노력한다. 진실에 대한 일말의 의식은 가지고 있는 것이다.

하지만 '개소리쟁이'는 자신이 하는 말이 참인지 거짓인지에 대해 전혀 관심이 없다. 그저 자신의 목적(상대를 감동시키거나, 설득하거나, 유식해 보이거나)을 위해 아무 말이나 내뱉을 뿐이다. 자신이 잘 모른다는 사실조차 모르는 상태에서 검색 몇 번으로 얻은 얄팍한 지식을 가지고 전문가인 척 떠들어대는 행위가 바로 개소리의 본질이다.

최근 유튜브나 소셜 미디어에는 검증되지 않은 정보와 주장이 난무한다. 일부 유튜버는 "내가 안중근 의사의 직계 후손"이라거나 "부정 선거를 위해 중국 간첩 99명이 잠입했다"라는 식의 황당한 주장을 펼친다. 이들은 진실 여부를 검증하려는 노력조차 하지 않는다. 그냥 '아니면 말고' 식이다. 우리가 스스로의 무지를 인정하지 않고 안다고 착각할 때, 우리는 나도 모르는 사이에 개소리의 생산자가 되거나 전파자가 될 수 있다.

직관을 넘어 심사숙고하라

그렇다면 누가 이런 착각과 오류에 덜 빠질까? 대니얼 카너먼의 《생각에 관한 생각》을 보면 셰인 프레더릭Shane Frederick의 '인지 반응 테스트cognitive reflection test, CRT'가 나온다. 세 가지 문제로 구성된 이 테스트에서 직관대로 답하지 않고 심사숙고 후 답해 정답을 맞춘 사람들을 프레더릭은 '심사숙고 유형'이라고 부르며 직관적으로 답해서 틀린 사람들과 구별했다.

연구 결과 심사숙고형 사람들은 설명 깊이의 착각에 덜 빠지는 것으로 나타났다. 직관(시스템 1)에 의존하지 않고 이성적 사고(시스템 2)를 가동하는 사람들은 어떤 문제에 대한 본인의 지식을 비교적 정확히 판단하여 설명하는 과정을 겪고서도 자신의 점수를 크게 낮추지 않았다. 행동경제학의 대부 카너먼이 지속적으로 시스템 2를 가동하도록 노력하자고 주장한 이유는 바로 이러한 착각에서 벗어나 객관적으로 나와 세상을 바라보게 하기 위함이다.

나 혹은 타인이 어떤 주제에 대해 어느 정도 알고 있는지는 어떻게 알 수 있는가? 흔히 어떤 개념을 잘 알고 있다는 것은 그 개념을 타인에게 가르칠 수 있어야 한다고 한다. 초등학생도 알 수 있는 쉬운 용어로 설명할 수 없다면, 그럴싸한 어려운 전문 용어로 포장하고 있다면 그것은 설명이 아니라 개소리일 가능성이 높다.

당신이 알고 싶은 것이 있다면 그것에 대한 설명을 간단명료하게 다듬어가라. 그리고 스마트폰을 내려놓고 스스로에

게, 혹은 다른 사람에게 설명해보라. 그것이 바로 당신이 알고
자 하는 개념 지식을 터득하고, 그 핵심을 파악하여 지식의 착
각과 개소리의 늪에서 벗어나는 유일한 방법이다.

13장

기후 위기, 공포만으로는 해결되지 않는다

기후 위기에 무감각한 이유

공포 영화의 공식

2004년 영국 BBC는 "킹스 칼리지 런던 연구팀이 '공포 영화를 무섭게 만드는 공식Scary Movie Formula'을 만들어냈다"라고 보도했다. 이 연구팀은 공포의 핵심 요소를 수치화해 분석했는데 이 공식에 따르면 '서스펜스suspense'가 가장 중요한 항목이었다. 서스펜스를 구성하는 세부 요소로는 추적 신, 고조되는 음악, 알려지지 않은 대상, 함정에 빠지는 듯한 느낌까지 네 가지가 있다. 이 요소들의 수치를 제곱한 후 여기에 '충격적인 장면'을 더하면 무서운 영화가 기본적으로 완성된다. 이 외에 몇 가지 요소를 더하게 되면 인간이 느낄 수 있는 '가장 완벽한' 공포 영화를 만들 수 있다고 한다.

왜 갑자기 가장 무서운 공포 영화 공식을 얘기했을까? 개인적인 견해로 이 공포 영화 공식이 기후 문제, 탄소 중립 문제를 가장 잘 설명한다고 보았기 때문이다. 그리 오래지 않은 과거에도 '기후 문제가 실제로 일어나느냐, 일어나지 않느냐', '이 문제가 과연 인간이 발생시킨 것이냐, 자연스러운 것이냐', '실제 과학 기술로 해결할 수 있는가, 해결 불가능한 것인가' 등의 많은 논쟁이 있었다. 이러한 논의는 사람들이 환경 문제를 먼 미래의 일, 제3자의 일, 혹은 당장 해결하지 않아도 될 일 정도로 인식하고 있었기 때문에 가능한 것이었다. 하지만 최근 들어 실제로 일어나는 일이 됐으며 인간이 자초해서 우리가 해결해야 하는 문제로 귀결되는 듯한 느낌이다.

그러한 상황 속에서 우리는 마치 공포 영화의 공식처럼 왜 이 문제가 일어나는지에 대해 완벽하게 원인이 되는 대상을 특정할 수 없다 보니 오히려 '알려지지 않은 대상'에 대해 막연한 공포감을 갖게 된다. 그리고 미래에나 일어날 법한 '충격적인 장면'을 최근 들어 하나둘 겪다 보니 이 때문에 공포감을 겹겹이 쌓아 올리게 되었다. 그런데 아이러니하게도 우리는 이 거대한 공포 앞에서 얼어붙거나, 오히려 무감각해지는 반응을 보인다. 도대체 왜 그럴까?

행동경제학으로 본 기후 변화의 한계

사람들이 기후 변화를 남의 일처럼 대했다는 사실은 광범위한 환경 및 사회 운동에 헌신해온 조지 마셜George Marshall의《기후 변화의 심리학》을 통해서도 알 수 있다. 마셜은 행동경제학의 선구자이면서 노벨경제학상 수상자인 대니얼 카너먼을 만나 사람들이 기후 변화를 외면하는 이유와 이를 극복할 방법을 행동경제학적 관점에서 찾으려 했다. 그러나 이때는 카너먼도 기후 변화 문제에 대한 대응이 사람들의 행동 변화를 이끌어내기에 부족하다고 답했다.

왜냐하면 사람들을 결집하려면 문제가 긴박하여 정서적으로 쟁점이 되어야 하는데 기후 변화와 같은 환경 문제는 크게 두드러지지 않는 미래의 불확실한 문제로 인식되고 있는 경향이 있기 때문이다. 이 때문에 사람들은 환경 문제를 위해 현재의 안락함을 포기하지 않을 것이라는 비관적 전망이었다. 카너먼은 크게 세 가지 문제점을 지적했다.

첫째, 기후 변화는 현저성salience이 부족하다는 점이다. 당장 내 눈앞에 닥친 위협이 아니기에 뇌가 즉각적으로 반응하지 않는다. 둘째, 기후 변화에 대처하려면 사람들이 먼 미래에 발생할 크지만 불확실한 손실을 경감하기 위해 어느 정도의 단기 비용과 생활 수준 감소를 감수해야 한다는 점이다. 셋째, 기후 변화에 관한 정보는 불확실하고 이론의 여지가 있다는 점을 이유로 들었다.

2002년 노벨경제학상을 받은 카너먼과 트버스키의 연구 결과는 사람들이 일관되게 이익이 없을 가능성보다 손실이 발생할 가능성을 훨씬 더 싫어하고(손실 회피), 장기 비용보다 단기 비용에 훨씬 민감하며, 불확실성보다 확실성을 선호한다는 사실을 보여준다. 이런 면에서 단기적으로 비용만 지불해야 하며, 미래에는 손실만 발생할 가능성이 높은 기후 변화는 행동의 변화를 이끌어내기에는 매우 부적절한 주제임에는 틀림이 없다.

미래의 가치를 깎아내리는 뇌

여기서 우리가 주목해야 할 또 하나의 중요한 심리 기제가 있다. 바로 '쌍곡형 할인hyperbolic discounting'이다. 이는 인간이 현재의 가치를 미래의 가치보다 비합리적으로 높게 평가하는 성향을 말한다.

우리는 "지금 당장 100만 원을 받겠습니까, 아니면 1년 뒤에 110만 원을 받겠습니까?"라는 질문을 받으면 대부분 당장의 100만 원을 선택한다. 이성적으로 계산하면 1년 확정 수익률이 10%인 확실한 투자를 거부하는 셈이지만, 우리 뇌는 '지금 당장'의 확실한 보상을 선호하도록 진화했기 때문이다. 이를 행동경제학에서는 미래의 가치가 시간의 흐름에 따라 급격히 할인된다고 하여 쌍곡형 할인이라고 부른다.

이 원리는 기후 위기 대응에도 그대로 적용된다. 기후 변화를 막기 위해 지금 당장 에어컨 사용을 줄이거나 플라스틱을 덜 쓰는 불편함(비용)은 현재 발생한다. 반면, 그로 인해 얻게 될 깨끗한 지구와 재난 방지라는 이득(보상)은 먼 미래에 온다. 쌍곡형 할인 곡선에 따르면 우리 뇌는 30년 뒤의 지구 멸망이라는 거대한 손실보다 지금 당장 에어컨을 끄는 사소한 불편함을 더 크게 느낀다.

반대로 생각해보자. 지금 펑펑 에너지를 쓰면 당장의 편리함(이득)을 얻지만, 그 대가인 기후 재앙(비용)은 먼 훗날 지불하게 된다. 신용 카드로 물건을 살 때 지불의 고통은 나중으로 미루고 물건의 기쁨은 즉시 누리는 것과 같다. 인간은 본능적으로 현재의 쾌락을 위해 미래를 헐값에 팔아넘기는 존재다. 이것이 우리가 이성적으로는 기후 위기의 심각성을 알면서도, 당장 행동하지 못하는 근본적인 이유 중 하나다.

두려움이 부른 외면

그렇다면 공포심을 자극하면 행동이 바뀔까? 앞서 언급한 공포 영화 공식처럼, 기후 위기의 심각성을 강조하고 충격적인 장면을 보여주면 사람들이 경각심을 가질 것이라 생각하기 쉽다. 하지만 여기에는 '타조 효과ostrich effect'라는 함정이 도사리

 제5부 미래의 생존법: 기술과 환경, 그리고 나를 지키는 심리학

고 있다. 타조 효과는 위험이 닥치면 모래 속에 머리를 파묻는다는(사실 잘못된 속설이지만) 타조의 행동에 빗대어 사람들이 자신에게 불리하거나 심리적으로 불편한 정보를 의도적으로 회피하려는 현상을 말한다. 투자자들이 주식 시장이 폭락할 때 계좌 잔고를 확인하지 않으려 하는 것이 대표적인 예다.

기후 위기에 대한 공포 마케팅이 역효과를 낼 수 있는 이유가 바로 여기에 있다. 매일같이 쏟아지는 기후 재난 뉴스와 "지구가 멸망한다"라는 경고는 사람들에게 감당하기 힘든 스트레스와 무력감을 준다. 문제는 우리의 뇌는 감당할 수 없는 수준의 공포나 부정적인 정보를 마주하면 이를 해결하려 들기보다는 아예 외면해버리는 방어 기제를 작동시킨다는 점이다. 그렇게 되면 "어차피 망했어", "내가 뭘 한다고 바뀌겠어?"라며 기후 뉴스를 끄고, 불편한 진실로부터 고개를 돌려버린다. 서울시가 뜬금없이 보낸 재난 문자에 사람들이 피로감을 느끼고 오히려 무감각해지는 것과 비슷한 이치다. 위험을 알리는 것은 중요하지만, 해결책 없는 공포는 타조 효과를 유발하여 사람들을 더욱 무관심하게 만들 수 있다.

인간이 살 수 없는 지구

행동경제학자들의 이런 비관적인 전망은 10년 가까이 된 이야기다. 이제 상황이 달라졌다. 기후 변화는 더 이상 먼 미래의,

불확실한, 현저성이 떨어지는 문제가 아니다. 이제 우리 눈앞에서 일어나고 있는 '리얼리티 쇼'가 되었다.

기후 재난으로 인한 미래 지구 모습을 가장 잘 보여주고 있다는 평가를 받은 데이비드 월러스 웰즈David Wallace-Wells의 《2050 거주불능 지구》는 환경이 파괴된 지구의 충격적인 모습을 묘사하고 있다. 매일같이 최고 기온을 경신하고 열사병이 유행한다. 빈곤과 굶주림이 확산되고 빙하는 걷잡을 수 없이 녹아들어 베이징까지 수중 도시가 된다. 지금까지의 화재는 불장난 수준인 산불이 발생하고 대가뭄으로 수자원 약탈 전쟁이 일어나며 바다 시스템이 붕괴된다. 결국 수많은 박테리아가 출현하며 세계 경제는 무너지게 되는 것이 책에서 보여주는 최악의 장면들이다.

그런데 이러한 충격적인 장면들의 일부를 실제로 현실에서 목도하고 있다. 최근 들어 지구 곳곳에서 기상 이변이 일어나는데, 예를 들어 태평양 북서부와 캐나다 서부에서는 6월부터 열돔 현상 때문에 최고 기온이 섭씨 40~50도에 달하는 날이 수차례 나타나며 시베리아도 30도가 넘는 폭염에 시달리고 있다. 세계 곳곳에 발생하는 자연 재해와 더불어 나타난 코로나19 팬데믹은 기후 변화 문제가 향후 30년, 50년 후의 문제가 아니라 당장 지금 손실을 가져다줄 수 있는 문제라는 것을 증명했다. 기후변화에 관한 정부 간 협의체intergovernmental panel

 제5부 미래의 생존법: 기술과 환경, 그리고 나를 지키는 심리학

on climate change, IPCC 보고서에서도 기후 변화로 인한 폭염 지속 일수, 가뭄 일수, 산불 발생 가능성, 폭우 등 기상 이변 빈도를 증가시키는 요인 중 하나로 온실가스 배출 증가를 지목하고 있다.

너무 거대해서 보이지 않는 공포

현재의 기후 문제는 실제 우리가 직면한 현실의 문제이며 문제의 원인이 되는 대상을 알기 어렵다는 점에서 공포 영화 공식 중 '알려지지 않은 대상'과 '현실성'이라는 요소를 갖고 있다. 특히 알려지지 않은 대상이 공포감을 유발한다는 것은 불확실함을 싫어하는 인간의 심리적 특성과 관련이 있다.

예를 들이 기후 문제에 기여하는 다양한 원인으로 생활 쓰레기, 소나 돼지 등 가축이 배설하는 메탄가스, 화석 연료 시스템, 심지어 농경 산업 등 어리 가지가 언급되고 있지만 각각이 정확히 얼마나 탄소 배출에 기여하는지, 서로 간에는 어떻게 얽혀 있는지, 혹은 또 다른 원인은 무엇인지 등에 대한 해답을 명확하게 내지는 못하고 있다.

티모시 모튼Timothy Morton은 2013년에 기후 변화나 전염병 등과 같이 너무 거대하고 복잡해서 이해할 수 없는 현상을 '하이퍼 오브젝트hyperobject'라고 명명했다. 우리는 눈앞에 있는 맹수는 피할 수 있지만, 시공간을 초월해 거대하게 얽혀 있는 하이퍼 오브젝트 앞에서는 무력감을 느낀다. 원인을 알 수 없는 '알려지지 않은 대상', 즉 하이퍼 오브젝트가 현실 속에서 충격적인 장면들로 나타나게 되니, 오늘날 많은 사람들이 기후변화에 대해 공포영화에서나 느낄 법한 공포감을 느끼고 있는 것이다.

이제 사람들은 기후 변화가 단순히 먼 미래의 문제가 아닌 개인의 삶의 문제와 직결되어 있음을 절감했다. 대니얼 카너먼의 이론대로라면 이제는 행동경제학 관점에서 무언가 방안을 만들어낼 수 있을 때가 되었다. 기후 변화가 얼마나 현시적인지, 단기간에 바로 내 앞에서 손실을 가져다주는지 증명이 된 것이다. 공포를 넘어 행동으로 나아가기 위해서는 타조효과를 이겨내고 현재 편향을 극복할 수 있는 현명한 넛지가 필요하다.

  제5부 미래의 생존법 : 기술과 환경, 그리고 나를 지키는 심리학

우리 모두를 위한 그린 넛지

탄소 중립, 기술만으로는 해결되지 않는다

최근 주요 국가들이 선진적으로 탄소 중립에 대한 비전을 제시했고, 우리나라도 '2050 탄소 중립 추진 전략'을 확정 발표했다. 탄소 중립은 간단히 말해 이산화탄소를 배출한 만큼 흡수하게 만들어 실질적 배출량을 0으로 만든다는 것이다. 그러나 '기후변화대응지수climate change performance index, CCPI 2020' 보고서에서 기후 변화에 대한 한국의 대응은 61개국 중 58위로 최하위권에 머물렀다. 구체적으로 OECD 국가 중에서는 탄소 배출량 증가율은 1위, 재생 에너지 발전 비중은 밑에서

두 번째였다. 기후 변화에 대한 우리나라의 대응은 이제 막 걸음마 단계라고 할 수 있다.

우리는 흔히 기술이 발전하면 에너지 효율이 높아져 환경 문제가 해결될 것이라고 기대한다. 하지만 19세기 영국의 경제학자 윌리엄 스탠리 제번스William Stanley Jevons는 이러한 믿음에 찬물을 끼얹는 주장을 했다. 그는《석탄 문제The coal question》에서 "에너지 생산 효율성이 높아지면 에너지 소비가 줄어들기보다 오히려 늘어나게 된다"라고 역설했는데, 이를 '제번스의 역설Jevons paradox'이라고 한다.

18세기에 증기 기관이 발명된 후 엔진의 효율성이 계속 높아지면 석탄 사용량이 줄어들 것이라 생각하기 쉬웠을 것이다. 하지만 실제로는 증기 기관이 여러 곳에서 쉽게 쓰이는 산업 혁명이 일어나면서 오히려 석탄 사용량이 급증했다. 현대에도 마찬가지다. 1973년 오일 쇼크 이후 에너지 효율이 높은 자동차들이 생산되었지만, 오히려 자동차의 휘발유 소비량은 훨씬 더 증가했다. 휘발류 가격이 싸져 사람들은 더 많이 자동차를 사고, 더 많이 타고 다닐 수 있게 되었기 때문이다. 가정용 에어컨도 에너지 효율성이 향상됨에 따라 사람들은 더 안심하고 에어컨을 자주 그리고 오랫동안 가동함으로써 에너지 소비량 역시 증가하게 되었다.

에너지경제학에서는 에너지 기술 효율성 증대에 대한 행

     제5부 미래의 생존법: 기술과 환경, 그리고 나를 지키는 심리학

동의 반응으로 오히려 신기술로부터 기대되는 이익이 감소하는 현상을 '반동 효과rebound effect'라고 부른다. 심지어 한쪽에서의 에너지 절감 비용으로 다른 쪽 에너지를 더 많이 사용하는 '간접적인 반동 효과'도 일어날 수 있다. 에어컨 효율성 증대로 아낀 전기료로 자동차를 더 많이 타고 다니게 되어 총량 면에서는 오히려 더 많은 에너지를 사용할 수도 있다는 말이다. 따라서 기술 발전만 믿고 있다가는 오히려 역효과가 날 수도 있다.

계몽보다 강력하고 부드러운 개입

그렇다면 과연 우리는 어떻게 해야 할까? 가장 기본적으로는 정치권과 정부 차원에서 적어도 이 문제만큼은 중지를 모아 글로벌 흐름에 맞는 정책을 만들고 실행해야 한다. 그리고 일반 국민들은 사소하지만 평범한 행동을 만들어내야 한다. 우리 모두가 할 수 있는 작은 행동들을 각자 열심히 하고, 이러한 행동들이 모이면 기후 변화를 늦출 수 있는 거대한 결과를 만들어낼 수 있다.

그런데 일반인 차원에서의 행동이 그냥 우리가 어느 날 갑자기 계몽한다고 일어날 수 있을까? 행동 변화는 의식 있는 사람에게 일어나기 때문에 행동을 바꾸지 않는 사람들에게는 부드러운 개입인 '넛지nudge'가 필요하다. 넛지 정책은 국가 혹은 정부가 강제 또는 보상이라는 강압적인 수단을 쓰지 않고 사람의 심리를 움직일 수 있는 부드러운 변화만 가지고도 보다 효과적인 결과를 낼 수 있는 정책을 의미한다.

사람들에게 탄소 중립을 위한 행동을 넛지하는 것은 개개인이 당장 불편함을 감수해야 하지만 그것이 결코 행위자에게 실질적인 손해를 입히지 않으며, 오히려 국가의 탄소 배출 감소에 기여하도록 돕는다는 측면에서 정당화될 수 있을 것이다. 우리는 이제 '그린 넛지green nudge'에 주목해야 한다.

귀차니즘을 이용하라

그린 넛지의 가장 대표적인 방법 중 하나는 인간의 현상 유지 편향을 이용하는 것이다. 사람들은 무언가를 선택할 때 특별한 조치를 취하지 않으면 기본으로 설정된 값을 그대로 따르려는 성향이 있다. 이를 환경 보호에 적용하면 큰 효과를 거둘 수 있다.

코로나19 팬데믹 이후 배달 음식 주문이 폭증하면서 플라스틱 쓰레기 문제가 심각해지자 배달 앱 주문 시 일회용 수저와 포크를 받지 않는 것을 기본값으로 변경했다. 일회용품이 꼭 필요한 사람은 귀차니즘을 무릅쓰고 체크 박스를 해제하는 수고를 해야 한다. 하지만 대부분의 사람들은 이미 집에 수저가 있거나, 설정을 바꾸기 귀찮아서 기본 설정대로 주문하게

    제5부 미래의 생존법 : 기술과 환경, 그리고 나를 지키는 심리학

된다. 이 작은 선택 설계의 변화만으로도 일회용품 구입 및 폐기 비용이 절감되고 플라스틱 사용량이 획기적으로 줄어드는 효과가 나타났다. 이것이 바로 강요하지 않으면서도 행동을 변화시키는 '옵트 아웃' 방식의 그린 넛지다.

이웃이 하면 나도 한다

또 다른 강력한 넛지는 사회적 증거를 활용하는 것이다. 한전에서 일반인들이 전기를 아껴 써서 탄소 사용량을 줄이고자 하는 목적으로 전기료 고지서에 한 줄을 추가한다고 생각해보자. 과연 어떤 문구가 사람들의 행동을 바꿀 수 있을까?

《설득의 심리학》이라는 책으로 유명한 로버트 치알디니 Robert B. Cialdini는 미국 샌디에이고 교외 가정에 4개 유형의 에너지 보존 메시지를 전달하는 실험을 했다. 각 메시시의 핵심 내용은 다음과 같다

1. 환경을 위해 에너지를 보존해야 함 (환경 보호)
2. 미래 세대의 이익을 위해 에너지 보존을 해야 함 (사회적 책임)
3. 에너지를 보존하면 돈을 절약할 수 있음 (경제적 이익)
4. 이웃 대다수는 매일 에너지를 절약하고 있음 (사회적 증거)

한 달 후, 각 가정의 전기 사용 데이터를 수집한 결과는 놀라웠다. 환경 보호, 사회적 책임, 경제적 이익 메시지는 큰 효과가 없었다. 그러나 네 번째, 이웃 대다수가 절약한다는 메시지를 받은 집단의 전기 사용량은 대폭 감소했다. 이는 우리에게 군중 심리가 작용함을 의미하며, 더 나아가 에너지 절약과 같은 개인의 행동 변화에 '행동 전염behavioral contagion'이나 '양 떼 효과'가 가능하다는 것을 시사한다. 이것이 바로 행동경제학이 찾아낸 인간의 본성이다.

작은 행동이 모여 만드는 거대한 변화

이제 우리는 사람들의 감정에 호소하는 슬로건만으로는 큰 효과를 거두기 어렵다는 것을 알게 되었다. 15년 동안 200조 원 넘게 쏟아 부었는데도 효과가 없는 저출산 대책처럼 기후 정책도 단순히 예산을 투입하거나 캠페인을 벌이는 것만으로는 부족하다.

국가의 기후 변화를 위한 노력이 실질적 효과를 거두려면, 나아가 탄소 중립 국가로 거듭나려면 사람들의 무의식적인 행동을 효과적으로 바꿀 수 있는 넛지 설계가 필요하다. 앞서 살펴본 실험처럼 전기료 고지서의 문구 하나를 바꾸거나 배달 앱의 체크 박스 설정을 바꾸는 것만으로도 사람들은 전기를 아껴 쓰게 되고, 플라스틱 사용을 줄이게 된다.

많은 사람들이 환경 친화적 행동을 선택하게 되면 우리가 이미 수차례 학습한 군중 효과에 의해 기후 변화에 대비하는 행동 변화는 순식간에 퍼져나갈 것이다. 물론 양떼 효과가 역효과를 내는 경우도 있다는 점을 유념해야겠지만, 긍정적 효과를 기대하는 측면에서 이 작업은 진정한 탄소 중립 국가로 나아가기 위해 반드시 필요한 일이라고 본다. 지금은 행동 경제학의 지혜를 빌려 지구를 지키는 그린 넛지를 적극적으로 설계하고 실행해야 할 때다.

14장

불안한 세상에서 나를 이해하고 지키는 법

내 성격은 변할까

혈액형에서 MBTI로

'나 때는 말이야'라고 얘기를 꺼내면 소위 말하는 '꼰대'로 취급을 받는다. 하지만 내가 이미 꼰대 나이가 된 만큼 그런 표현을 당연하게 받아들이고 말하자면 나 때는 MBTI가 아닌 혈액형이 유행이었다. 예를 들어 "나는 성격이 소심하고 스트레스를 잘 받아"라고 하면 옆에서는 여지없이 "혹시 혈액형이 A형이냐?"라는 말이 튀어나왔다. 그런데 어느 순간부터 혈액형이 차지하던 자리에 MBTI가 자리를 잡더니 사람들이 친해지고자 하는 대화의 출발점이 되었다.

새로 입사한 경력직 직원과의 대화는 "대표님은 MBTI가 뭐예요?"라는 말로 시작되었다. 나는 MBTI 테스트를 해본 적이 없어 잘 몰라 "차장님 MBTI는 어떻게 되세요?"라고 물어보니 그는 이렇게 답했다.

"저는 ENTJ예요. 흔히 '통솔자형'이라고 하는데 대담하고 천성적으로 타고난 리더이며 카리스마와 자신감으로 공동의 목표를 달성하기 위해 이끄는 사람이래요. 나폴레옹이나 빌 게이츠가 여기에 해당한다고 합니다."

뒤늦게 여기저기 찾아보니 MBTI는 외향-내향, 감각-직관, 사고-감정, 판단-인식 등 4가지 범주에서 각각 2가지 유형씩, 총 16가지 경우의 수가 도출된다. 물론 4가지 범주로 사람을 구분하는 혈액형보다는 4배가 많은 수이기 때문에 훨씬 더 정확하다고 얘기하는 사람도 있다. 그렇게 따지면 MBTI(16개) 〉별자리(12개) 〉혈액형(4개)의 순으로 정확하다는 얘기가 된다. 물론 각각 추구하는 바가 달라 MBTI는 전적으로 성격을 보기 위한 것이라고 할 수는 있지만 가짓수로 보면 사주팔자 쪽이 더 신빙성이 있다.

사주팔자는 출생 연도를 12간지와 10천간을 결합해 60개로 구분하고, 월은 12달, 일 역시 12간지와 10천간의 60개, 시는 12개 시진이므로 이를 곱하면 60 × 12 × 60 × 12로 총 51만 8400개의 가짓수가 나온다. MBTI는 상대도 안 되는 경우의 수이지만 역시 80억이 넘는 세계 인구에 비하면 턱도 없는 숫자이기도 하다.

그럼에도 불구하고 우리는 왜 MBTI에 열광할까? 심리학자 마이클 셔머Michael Shermer는 인간이 본능적으로 패턴을 찾아내고 이에 대해 의미를 부여한다고 설명하며 이를 '패턴성patternicity'이라고 불렀다. 인간은 아무 의미가 없는 데에서도 의미 있는 패턴을 발견하고자 하는 욕구가 강하다. 불확실한 세상에서 타인의 행동을 예측하고 통제하고 싶은 욕망이 복잡한 인간의 성격을 16가지 패턴으로 명쾌하게 정리해주는 MBTI에 매료되도록 이끈 것이다. 우리는 복잡함을 견디기보다 단순한 패턴으로 세상을 이해하고 싶어 하기 때문이다.

MBTI의 치명적 약점

이런 열광적인 인기에도 불구하고 행동경제학 관점에서 볼 때 MBTI는 몇 가지 치명적인 약점과 편향을 내포하고 있다. 첫째, '기본적 귀인 오류'라는 잘못된 성향에 빠질 수 있다. 기본적 귀인 오류는 상황 요인의 영향은 과소평가하고 그 사람의 내적 요인의 영향을 과대평가하는 인지적 오류다. MBTI 검사 결과로 나오는 알파벳 4개를 바탕으로 여러 환경적 조건이 어떠했는지와 상관없이 나는 혹은 저 사람은 이런 사람이라고 단정해버리기 쉽다.

예를 들어 조직 내에서 일시적으로 팀원과 의사소통을 잘하지 못해 성과를 내지 못한 직원이 있다고 하자. 실제로 그 직원은 개인적 가정사 때문에 일에 집중하지 못했음에도 불구하고 다른 직원들이 '원래 성격이 남과 잘 어울리지 못하고 소심해서 그렇다'라고 판단할 가능성이 있다. 또는 '저 사람은 I(내향형)라서 사람들과 업무적 커뮤니케이션을 어려워하는 것 같다'라고 판단해버릴 수도 있다. 이것이 바로 귀인 오류인데, MBTI를 맹신하다 보면 성격의 한 유형에 불과한 결과로 그 사람의 전부를 예측하는 오류를 범할 수도 있다.

둘째, MBTI 검사는 자기가 스스로 문항에 체크하고 결과를 볼 수 있는 자기 보고형 검사라는 점이다. 자기 보고형 검사는 자신의 실제 행동보다는 타인에게 보이기 원하는 모습, 혹은 사회적으로 바람직하게 보이는 방향으로 응답할 수 있어 결과가 왜곡될 수 있다는 치명적인 단점이 있다.

예를 들어 한국 사람들이 주로 사용하는 MBTI 검사 페이지에서 제시하는 문항 중 "주기적으로 새로운 친구를 사귄다"라는 문항에 대해 생각해보자. 어떤 이는 자신이 실제로 새로운 친구를 자주 사귀기 때문에 이 문항에 대해 동의한다고 응답할 수도 있다. 그러나 또 다른 누군가는 자신이 실제로는 친구들을 많이 사귀지 않음에도 불구하고 외향적인 사람으로 보이고 싶어서, 혹은 특정 기업이나 직군에 지원하기 위해 외향적인 사람으로 보여야 한다는 등의 이유로 동의함에 답할 수도 있다. 이런 경우 MBTI 검사 결과는 그 사람의 성격을 제대로 나타낸다고 보기 어렵다.

셋째, MBTI 검사 결과가 늘 동일하게 나타나지 않는다는 점이다. 예를 들어 어떤 체중계에 올라가 몸무게를 쟀더니 75kg이었는데 체중계에서 내려왔다가 다시 올라갔더니 78kg이 나왔다. 우리는 이 상황에서 그 체중계가 산출하는 숫자를 나의 체중이라고 믿을 수 있을까? 그렇지 않다. 마찬가지로 동일한 심리 검사 도구를 가지고 같은 조건 하에 특성을 반복 측정하여 얻어지는 결과가 일관되는지 평가하는 '검사-재검사 신뢰도'가 중요한데, MBTI는 이게 낮다는 말이다.

캐스 선스타인에 따르면 한 달 간격을 두고 MBTI 검사를 한다면 처음과 다르게 나올 확률이 50%에 이른다고 한다. 애덤 그랜트 교수는 "MBTI는 아무런 의미도 없다"라고 혹평하며 "MBTI 검사는 실험심리학 이전의 것이라 검증되지 않았다. 실험으로 실증해보면 같은 사람이라도 결과가 계속 다르게 나오는 사례가 많아 부정확하다"라고 주장한 것을 곱씹어 봐야 한다.

꼬리표가 나를 만든다

MBTI가 가진 더 큰 위험성은 이 검사 결과가 단순한 성격 분

류를 넘어 나 자신을 규정하는 강력한 '꼬리표'가 된다는 점이
다. 여기에는 '점화 효과priming effect'가 작용한다. 점화 효과는
하나의 자극이 의식적인 의도 없이 후속 자극에 대한 반응에
영향을 미치는 현상을 말한다. 쉽게 말해 우리가 다른 사람에
게 '너는 이런 사람이다'라고 지속적으로 자극을 주면 실제로
그 사람은 '나는 그런 사람이다'라는 믿음을 가지고 이에 따른
행동을 하게 된다는 것이다.

MBTI 검사를 통해 계획적이지 않고 즉흥적인 P(인식형)
유형이라는 결과를 받았다고 가정해보자. 이 정보는 우리 뇌
에 강력한 점화 플러그로 작용한다. 이후 우리는 업무를 처리
하거나 약속을 잡을 때 꼼꼼하게 계획을 세우기보다 '어차피
나는 P니까'라고 합리화하며 즉흥적으로 행동할 가능성이 커
진다. MBTI라는 틀이 우리의 행동을 강화하고, 결국 그 성격
을 고착화시키는 것이다.

이와 관련하여 스탠퍼드 대학교의 클로드 스틸Claude Steele
교수가 연구한 '고정 관념의 위협stereotype threat' 또한 시사하는
바가 크다. 흑인 학생들에게 지능 검사를 한다고 말하고 시험
을 치게 하면 백인 학생보다 점수가 낮게 나오지만, 단순히 문
제 풀이 연습이라고 말하면 점수 차이가 사라진다는 연구 결
과가 있다. 자신이 속한 집단에 대한 부정적 고정 관념을 의식
하는 순간 실제로 수행 능력이 떨어진다는 것이다.

이를 MBTI에 적용해보면 "나는 F(감정형)라서 논리적 사고가 약해"라거나 "나는 I(내향형)라서 리더십을 발휘하기 힘들어"라는 고정 관념을 스스로에게 씌우는 순간 실제로 논리적 사고를 포기하거나 리더십을 발휘할 기회조차 차단해버릴 수 있다. 16가지 유형 중 하나로 나를 가두는 것은 나의 무한한 잠재력에 스스로 한계를 긋는 행위가 될 수 있다.

성격은 고정불변하지 않다

실제로 많은 사람들이 사회생활을 하면서 성격이 변했다는 얘기를 종종 한다. 한 연구 결과에 따르면 사회적 상호 작용을 통해 사람의 성격이 변할 수 있다고 한다. 심리학자 다이앤 타이스Dianne M. Tice는 90명의 심리학과 학생들을 상대로 자신에 대한 묘사가 자아상에 영향을 주는지에 관한 실험을 했다.

타이스는 학생들에게 각각 어떤 성격 특성을 부여한 후 그 특성을 강조할 수 있는 경험을 예시로 들며 자기소개를 해보라는 임무를 주었다. 예를 들어 '스포츠를 좋아한다'라는 특성을 제시받은 경우 스포츠 매니아 성향을 드러낼 수 있는 에피소드와 함께 자기소개를 하면 되었다. 자기소개를 끝낸 후 설문 조사를 실시한 결과 다른 특성들보다 자기가 부여받은 특성에 대해 더욱 두드러지게 설명하면서 그 특성을 자신의 특성처럼 여기는 모습을 보였다.

나아가 타이스는 그렇게 강화된 특성들이 행동으로까지 연결된다는 점도 관찰하였다. 예를 들어 '굉장히 외향적'이라는 특성을 부여받은 실험 대상자의 경우 타인과 보다 적극적으로 대화에 참여하는 모습을 보여주었다. 이러한 연구 결과는 개인이 갖고 있지 않은 특성이라 하더라도 사회적 상호 작용을 통해 내면화할 수 있고, 나아가 '마치 원래 그랬던 것처럼' 행동 변화로까지 이어질 수 있다는 점을 시사한다. 이러한 연구 결과를 고려하면 MBTI 결과는 한 사람의 고정불변한 성격을 나타낸다기보다 검사를 시행한 그 시점에 측정된 성격이라고 보아야 할 것이다.

MBTI는 검사 실시와 결과 해석이 간편하기 때문에 많은 사람에게 매력적으로 받아들여지고 있는 것 같다. 하지만 MBTI의 단점들을 살펴보면 타인의 성격을 참고하기 위한 목적으로만 활용하는 것이 적절하다는 생각이 든다. 엄청나게 다양한 사람들의 성격을 16가지 성격 유형으로 구분하고 단정 짓는 것은 특정인의 성격을 고정불변한 것으로 판단하도록 해 인간의 합리적 사고를 방해하기 때문이다. 나는 언제든 변할 수 있다. 그것이 인간이 가진 가장 큰 매력이다.

행복은 강도가 아니라 빈도다

어떤 기쁨도, 슬픔도 영원하지 않다

우리는 늘 행복해지고 싶어 하고 불행해지지 않기를 바란다. 당신은 인생에서 언제 가장 행복했고, 언제 가장 불행했는가? 그리고 그 감정은 얼마나 지속되었는가? 우리에게 기쁜 일이 생겼을 때 오랫동안 행복할 거라 기대하고, 반대로 슬픈 일이 생겼을 때는 이 슬픔이 평생 갈 것만 같다. 그런데 실제로 그런가? 행복한 감정도, 불행한 감정도 생각만큼 그리 오래가지 않는다.

예를 들어 이성 친구를 처음 사귀게 되었을 때 느끼게 되는 열정적인 감정은 시간이 지나면서 차분해질 수 있다. 실연에 빠져서 죽을 것 같이 슬프더라도 시간이 지나면 맛있는 음식을 먹고 기분을 추스르기도 한다. 눈에 넣어도 아프지 않을 것 같은 나의 예쁜 아이가 태어나면 천하를 얻은 듯한 기쁨을 느끼다가도, 그 아이가 커가면서 하는 사소한 실수 하나하나에 부아가 치밀기도 한다. 이처럼 우리에게 충격을 줄 만한 특정 사건을 경험한 후 느끼는 행복이나 불행과 같은 감정의 영향력이 실제에 비해 오래 지속될 것이라고 평가하는 심리를 '충격 편향impact bias'이라고 한다.

평생 갈 것 같은 감정은 왜 예상했던 것보다 오래가지 않을까? 뇌과학적 관점에서 인간의 감정은 뇌에서 일어나는 화학 작용, 특히 신경전달물질과 밀접한 관련이 있다. 대표적인 신경전달물질로는 보상과 동기 부여와 관련된 쾌감을 유발하는 도파민, 기분을 안정시키며 행복감을 증진시키는 세로토닌, 사회적 유대와 신뢰를 강화하는 옥시토신 등이 있다. 반면 불행을 느끼는 과정에서는 스트레스 호르몬인 코르티솔이 분비된다.

그런데 인간은 기본적으로 이러한 신경전달물질이 일정량 이상 분비되면 그로 인해 느끼는 감정에 금세 무뎌지게 되어 있다. 이를 '적응adaptation'이라고 한다. 이 때문에 기쁜 일이 발생했을 때 오랫동안 행복할 것이라고 기대하지만 시간이 지나면서 행복감이 줄어들고, 반대로 슬픈 일이 발생했을 때 느끼는 불행도 시간이 지나면서 감소하는 것이다.

필립 브릭먼Philip Brickman과 동료들이 1978년에 발표한 연구를 살펴보자. 사고로 인해 하반신 마비가 된 환자들, 복권에 당첨된 사람들, 그리고 이러한 극적인 사건을 겪지 않은 일반인들의 행복도를 비교했을 때의 결과는 예상과 달랐다.

복권 당첨자들은 처음에는 높은 행복감을 느끼지만, 약 6개월이 지난 시점부터 그 행복감이 감소했다. 반면 사고로 하반신 마비가 된 사람들은 초기에는 큰 불행을 느끼지만, 약 6개월에서 1년 사이에 그 불행감이 현저히 줄어들기 시작했다. 결과적으로 장애가 있는 사람들이 약간 더 불만을 가지고 있었고, 복권 당첨자들은 약간 더 만족하고는 있었지만 그 차이가 의미 있는 수준으로 나타나지는 않았다. 처음에는 행복하거나 불행한 마음이 컸겠지만, 시간이 지날수록 희석된다는 것을 알 수 있다. 어쩌면 적응은 인간에게 주어진 최상의 선물인지 모른다.

행복의 비밀, 뇌를 속여라

행복에 관해 우리가 주지해야 할 또 하나의 사실은 행복은 기대와 깊은 관련이 있다는 점이다. 뇌과학적으로 행복감, 즉 도파민의 분비는 '예측 오류prediction error'와 밀접하게 연결되어

있다. 예측 오류란 내가 기대했던 것과 실제 결과 사이의 차이
를 말한다.

　내 주변 사람들의 사례를 살펴보자. 한 친구는 직장을 그
만두고 고깃집을 열면서 "경기가 안 좋으니 망하지 않고 버티
기만 해도 다행"이라고 기대치를 낮추었다. 그런데 실제로는
줄을 서야 할 정도로 대박이 났다. 반면 전교 10등 안에 들던
딸은 당연히 명문대에 진학할 것이라 예측했지만, 수능을 앞
두고 병을 앓아 원하던 대학에 가지 못했다.

　전자의 경우 기대보다 결과가 훨씬 좋았으므로 '긍정적
예측 오류positive prediction error'가 발생했다. 이때 우리 뇌에서
는 도파민이 폭발적으로 분비되어 큰 행복감을 느낀다. 후자
의 경우 기대보다 결과가 나빴으므로 '부정적 예측 오류negative
prediction error'가 발생해 도파민 분비가 억제되고 실망감을 느
끼게 된다.

　하버드 대학교 심리학 교수인 대니얼 길버트Daniel Gilbert
등 연구팀이 2008년에 발표한 '예측된 즐거움과 현실 간의 간
극'에 대한 실험도 이와 맥락을 같이 한다. 연구팀은 학생들에
게 포테이토칩을 먹게 했는데, 한 그룹에는 맛있는 초콜릿을
먼저 보여주었고 다른 그룹에는 악취가 나는 정어리 캔을 보
여주었다. 초콜릿을 받은 그룹은 옆에 있는 맛있는 초콜릿과
비교하며 포테이토칩이 덜 맛있을 것으로 예상했다. 하지만

정어리 캔을 받은 그룹은 악취 나는 정어리에 비해 포테이토칩이 훨씬 맛있을 것이라고 대답했다. 기대치를 낮춘 상태에서는 포테이토칩에 대한 긍정적 예측 오류가 발생할 가능성이 높아진다.

이 실험을 통해 행복해지기 위한 하나의 전략은 기대치를 관리하는 것임을 확인할 수 있다. 무조건적 긍정이나 막연한 낙관보다는 현실적 기대치를 설정하거나 기대치를 조금 낮춤으로써 긍정적 예측 오류가 발생할 확률을 높이는 것이 뇌과학적으로 더 큰 행복을 얻는 비결일 수 있다.

오이와 포도 그리고 상대적 박탈감

행복을 갉아먹는 또 다른 주범은 비교다. 우리는 절대적인 행복보다 상대적인 행복에 더 민감하게 반응한다. 이를 잘 보여주는 유명한 실험이 있다. 프란스 드 발Frans de Waal 교수의 '카푸친 원숭이 공정성 실험'이다.

연구자는 투명한 우리에 원숭이 두 마리를 넣고 조약돌을 건네주면 보상을 주는 훈련을 시켰다. 처음에는 두 원숭이 모두에게 오이 조각을 보상으로 주었다. 원숭이들은 오이를 받고 기꺼이 조약돌을 건네주며 임무를 수행했다. 그런데 잠시 후, 한 원숭이에게는 오이를 주고 옆에 있는 다른 원숭이에게는 달콤한 포도알을 주었다. 오이를 받은 원숭이는 옆 원숭이가 포도를 받는 것을 보자마자 표정이 굳어졌다. 그리고 자신이 받은 오이를 연구자에게 집어던지고는 우리를 흔들고 분노를 표출했다. 방금 전까지만 해도 오이를 맛있게 먹던 그 원숭이가 맞나 싶을 정도였다. 손에 쥔 오이의 맛은 변하지 않았지만 옆 원숭이의 포도와 비교하는 순간 오이는 쓰레기가 되어 버린 것이다.

인간도 마찬가지다. 내가 100만 원을 벌어 느꼈던 행복감은 옆 동료가 200만 원을 벌었다는 사실을 안 순간 사라진다. 남들과 끊임없이 비교하며 자신의 처지를 비관하는 '사회적 비교social comparison'는 우리를 불행하게 만든다. 특히 SNS를 통해 타인의 화려한 일상을 실시간으로 목격하는 현대인은 카푸친 원숭이보다 더 심한 상대적 박탈감에 시달리고 있다. 행복해시기 위헤서는 타인이라는 비교 대상을 지우고 온전히 나 자신의 경험과 성취에 집중해야 한다.

행복의 빈도

우리는 행복해지기 위해 어떻게 해야 할까? 긍정적 경험의 강도보다 빈도가 행복에 큰 영향을 준다는 점이 연구를 통해 밝혀지고 있다. 세계적인 행복 연구가로 유명한 심리학자 에드 디너Ed Diener는 2009년에 "행복은 기쁨의 강도가 아니라 빈도"라는 주장을 담은 유명한 연구 결과를 발표했다. 긍정적인 영향을 주는 아주 강력한 이벤트보다 강도는 낮더라도 행복한 경험을 자주 하는 편이 훨씬 더 중요하다는 내용이다. 요즘 연예인들이 TV에 나와서 종종 얘기하고는 하는 '한강이 보이는 아파트'를 샀을 때 느끼는 행복보다 매일같이 가족과 농담을 주고받고, 어린아이의 미소를 보거나, 예쁜 꽃과 밤하늘을 수놓은 별을 보는 일들 그리고 아내 몰래 10분 동안 하는 모바일 게임이 훨씬 더 행복에 효과적일 수 있다는 얘기다.

어찌 보면 작게 그리고 자주 일어나는 긍정적 영향에서 더 행복할 수 있다는 결론은 행동경제학의 '전망 이론'과도 일맥상통한다. 전망 이론에 따르면 같은 금액을 얻었을 때의 기쁨보다 잃었을 때의 절망감이 두 배 이상 될 정도로 훨씬 더 크다. 그래서 행동경제학에서는 '좋은 소식(이익)은 나누어서 주고, 나쁜 소식(손실)은 한꺼번에 주라'고 조언한다. 행복도 마찬가지다. 한 번의 큰 행운을 바라고 기다리기보다 소소한 기쁨을 잘게 쪼개어 자주 느끼는 것이 우리 뇌를 행복하게 만드는 지름길이다.

2012년 페이스북의 대규모 실험 연구나 리 대니얼 크라비츠Lee Danial Kravetz의 《감정은 어떻게 전염되는가》에서 알 수 있듯, 긍정적인 감정은 네트워크를 통해 주변 사람들에게 전파된다. 내가 자주 행복을 느끼고 그 감정을 표현할 때 내 가족과 동료들도 함께 행복해질 수 있다. 이것이야말로 우리가 추구해야 할 진정한 행복의 선순환이다.

죽을 것 같은 슬픔은 시간이 약이고, 세상을 다 가진 것 같은 행복도 조금 지나면 무덤덤해진다. '이 감정은 단순히 신경 전달물질에 의해 유발되는 것뿐이야', '내가 지금 겪는 이 불행한 감정은 충격 편향으로 오래 지속될 것이라 착각할 뿐이야'라고 생각할 수 있다면 슬픔이라는 감정에 오랫동안 빠져 있지 않을 수 있다. 한탕을 노리기보다 작은 곳에서 소소한 행복을 자주 느끼려고 노력해보자. 결과적으로 더 큰 행복을 누릴 수 있을 것이다.

완벽하지 않기에
더욱 빛나는 우리의 합리성

어쩌면 당신은 이 책을 덮으며 쓸쓸함을 느꼈을지도 모른다. '나는 그동안 철저하게 합리적인 줄 알았는데, 사실은 알고리즘에 조종당하고, 확증 편향에 갇혀 보고 싶은 것만 보며, 9,900원이라는 얄팍한 상술에 매번 넘어가던 비이성적인 존재였구나' 하는 자괴감 말이다.

사실, 나도 크게 다르지 않다. 대학에서 경제학을 선택한 순간부터 지금까지 남들보다 훨씬 더 냉철하고 합리적이라는 생각 속에 살아왔다. 그러나 지금도 여전히 큰 숫자 앞에서 설레고, 내가 지지하는 사람의 실수는 상황 탓으로, 반대편의 실수는 인성 탓으로 돌리고 있는 나를 발견한다. 2020년부터 지금까지 매주 꾸준히 행동경제학 칼럼을 써왔지만, 그 칼럼을 쓰는 사람조차 편향에서 자유롭지 않다. 이것이 행동경제학을 공부하면서 얻은 가장 뼈아프고도 소중한 깨달음이다.

그 씁쓸함이 바로 시작이다

하지만 나는 이 씁쓸함이야말로 진정한 출발점이라고 단언한다. 행동경제학이 우리에게 가르쳐주는 교훈은 "인간은 합리적이지 않다"는 절망이 아니라, "인간은 제한된 합리성을 가지고 있기에 때로는 비합리적일 수 있으며, 이를 인지할 때 비로소 더 나은 선택을 할 수 있다"라는 희망이다. 소크라테스가 "나는 내가 알지 못함을 안다"라고 했던 것처럼, 스스로의 비이성을 인식하는 순간 우리는 이미 어제와 다른 사람이 되어 있다.

결국 이 책은 경제학의 외피를 썼지만 인간의 심연을 들여다보는 책이다. 투자 시장의 탐욕과 공포, 선거판의 이미지 전쟁, 조직을 망치는 리더의 오만, 지갑을 열게 만드는 마케팅의 덫, 그리고 AI와 기후 위기라는 미래의 숙제까지. 장르는 달랐지만 그 이면을 관통하는 원리는 하나였다. 우리의 뇌는 예측 가능한 방식으로 우리를 속인다. 그리고 그 패턴을 아는 사람은 조금 더 현명하게 세상을 살아갈 수 있다.

AI는 방대한 데이터로 확률을 계산해 정답을 내놓을 수 있다. 하지만 그 결론 이면에 숨겨진 편향을 의심하고, 억울한 사람이 없는지 고뇌하는 것은 불완전성을 가진 인간만이 할 수 있는 영역이다. 우리의 비합리성은 약점이 아니다. 그것이 우리를 인간이게 만드는 증거다.

딱 하나만 기억한다면

이 책을 읽은 뒤 한꺼번에 모든 편향을 극복하려 할 필요는 없다. 진정한 변화는 강도가 아니라 빈도에 있다. 오늘부터 딱 하나만 해보기를 권한다.

큰 결정을 앞두었을 때, SNS를 보다가 충동적으로 분노하거나 무언가를 사고 싶어질 때, 잠깐 스스로에게 이렇게 물어보는 것이다. "나는 이미 결론을 내리고, 그렇게 되기를 바라는 건 아닐까?" 혹은 "이 감정도 누군가에 의해 설계된 것일 수 있지 않을까?"라고. 이 질문 하나가 자동 조종 모드로 달려가던 뇌를 잠시 멈추게 만든다. 그 멈춤이 쌓이다 보면 어느 순간, 세상의 이면이 보이기 시작한다. 140억 배럴 뒤에 숨은 10%가 보이고, 열광하는 군중 속에서 혼자 조용히 멈출 수 있게 된다.

우리의 합리성은 완벽하지 않기에 더욱 가치 있고 빛이 난다.

HIDDEN   SIDE

히든 사이드

초판 1쇄 인쇄   2026년 4월 10일
초판 1쇄 발행   2026년 4월 23일

지은이 | 정태성
펴낸이 | 하인숙

기획총괄 | 김현종
책임편집 | 김선도
마케팅 | 김미숙
디자인 표지 | 말리북   본문 | 노유진

펴낸곳 | 더블북
출판등록 | 2009년 4월 13일 제2022-000052호
주소 | 서울시 양천구 목동서로 77 현대월드타워 1713호
전화 | 02-2061-0765   팩스 | 02-2061-0766
블로그 | https://blog.naver.com/doublebook
인스타그램 | @doublebook_pub
페이스북 | www.facebook.com/doublebook1
이메일 | doublebook@naver.com

ⓒ 정태성, 2026
ISBN 979-11-24455-02-9   03320